平成28年 改正道路法の解説 Q&A

道路協力団体制度のポイント

編集／道路法令研究会

ぎょうせい

はじめに──「新たな道路管理を啓く」

『道路は、クルマのためだけのものではない。
　　そして、それを守り育てるのは住民自身である。』

　我が国の道路は本格的な整備が始まってから半世紀以上が経過し、各時代のニーズに対応しながら整備が進められ、最も基礎的な社会資本の一つとして、我々の経済社会活動の営みを支える基盤として大きな役割を果たしてきました。

　現在、我が国は、本格的な人口減少、超高齢化社会、厳しい財政制約、国際競争の激化に加え、地球環境問題や大震災からの地域の復興等、これまでにない困難に直面しています。

　そうした中で、道路を取り巻く環境も大きな変化を迎えつつあり、先人が苦労して整備した道路をいかに賢く使うか（スマート・ユーズ）を重視すべきという見方があります。そうした中で、道路をいかに守り、再生するかを問う「老朽化・メンテナンス」の充実もさることながら、我々の生活やその豊かさに直結する「道路」がいかにあるべきか。誰がどのように生かし、守るべきか。そこに住民らがどのように関与すべきか。こうした点についてボランティア・サポート・プログラム等で蓄積された実績をもとに検討が行われ、平成28年の道路法改正により、新しく「道路協力団体制度」が創設されることとなりました。

　今般創設された道路協力団体制度は、道路の管理に住民らが主体的に参画し、道路の課題を自らの生活上の課題と認識してその解決に尽力することを制度面からサポートするものです。現在、全国津々浦々で道路を地域の賑わいづくりの拠点、きっかけとして活用する動きが広がっています。

　「クルマ」主役から、歩行者、自転車などクルマ以外の利用者も含めた「多様な利用者が安全・安心して共存」できる環境の整備へ、そしてすべての国民にとって快適で居心地のよい空間であるために、道路協力団体の活動が期待されます。

平成28年11月

道路法令研究会

目 次

第1章 道路協力団体制度創設の背景
1. 民間団体等との連携による道路管理 ················· 3
2. 道路管理の現実 ··· 7
3. 財政出動を伴わない成長戦略としての道路空間オープン化の議論 ··· 8
4. 平成28年道路法改正 ······································ 9

第2章 ポイント解説　道路協力団体制度 ―趣旨・狙い・指定の手続―
1. 道路協力団体制度のポイント ························· 13
2. 道路協力団体制度の趣旨・狙い ····················· 15
3. 道路協力団体の指定を受けるための手続 ········ 16

第3章 逐条解説　改正道路法
1. 道路法第48条の20関係 ·································· 21
2. 道路法第48条の21 ·· 24
3. 道路法第48条の22 ·· 28
4. 道路法第48条の23 ·· 29
5. 道路法第48条の24 ·· 30
6. 道路法第48条の25 ·· 34

第4章 Q&A　道路協力団体制度
〈踏切道改良促進法と一括改正の理由〉
　Q1　なぜ踏切道改良促進法の改正と、道路協力団体制度の創設を目的とする道路法の改正を一括ですることとしたのか。·· 39
〈創設の趣旨〉
　Q2　道路協力団体制度を創設する趣旨は何か。················ 41
〈団体の指定要件〉
　Q3　道路協力団体の指定要件は何か。建設会社等の民間企業

i

目　次

　　　　も対象となるのか。……………………………………………… 43
〈反社会的勢力の排除〉
　Q 4　道路協力団体の指定に当たっては、暴力団等の反社会的
　　　　勢力をどのように排除するのか。…………………………… 44
〈団体指定のメリット〉
　Q 5　道路協力団体に指定されることのメリットは何か。………… 45
〈協議の方法〉
　Q 6　道路管理者は、道路法第24条の工事の承認及び道路法第
　　　　32条の占用の許可に代わって行われる協議では、どのよ
　　　　うにして協議を成立させることとなるのか。………………… 46
〈団体の業務内容（1）〉
　Q 7　道路協力団体の業務内容は何か。………………………………… 47
〈団体の業務内容（2）〉
　Q 8　道路協力団体は道路法第48条の21各号に掲げられている
　　　　業務の全てを行わなければならないのか。…………………… 48
〈団体が行う「道路に関する工事」〉
　Q 9　道路協力団体が行う「道路に関する工事」とは何か。 …… 49
〈団体が「工事」を行う理由〉
　Q10　「道路に関する工事」は道路管理者が行うべきものでは
　　　　ないか。なぜ道路協力団体に行わせるのか。………………… 51
〈営利目的の活動〉
　Q11　道路協力団体は、営利を目的とする活動を行うことがで
　　　　きるのか。……………………………………………………… 52
〈公的活動への収益活用〉
　Q12　道路協力団体の収益活動による営利を、公的活動に充て
　　　　ることをどのように担保するのか。…………………………… 53
〈収益活動のみを行う団体への対応〉
　Q13　道路協力団体が除草・植栽活動などの道路管理活動を行
　　　　わずに、収益活動のみを行うおそれはないのか。また、
　　　　道路管理者は、収益活動のみを行う道路協力団体に対し
　　　　てはどのように対応すればよいのか。………………………… 54

〈管理活動費用以上の収益〉
  Q14 収益活動で道路の管理活動費用以上に収益を獲得した場合、その収益は団体の収益になるのか。逆に、収益活動で道路の管理活動費用を賄えなかった場合、また、収益活動を行わない場合はどうなるのか。その場合、道路管理が十分に行われないおそれはないか。……………… 56
〈既存制度との違い〉
  Q15 オープンカフェ等の占用については、既に行われているものもあるが、既存制度によっても行えるのではないか。何が変わるのか。…………………………………………… 57
〈道路交通法による使用許可〉
  Q16 道路協力団体がオープンカフェ等を実施するに当たり、道路交通法による道路使用許可を要するのか。………… 59
〈特例措置の活用状況〉
  Q17 現在、都市再生整備計画の区域内で、オープンカフェ等の占用許可基準が緩和されているが、どの程度活用されているのか。………………………………………………… 60
〈道路法第28条の2の協議会〉
  Q18 道路法第28条の2の協議会とはどのように連携すべきか。……………………………………………………………… 61
〈ボランティア活動との関係〉
  Q19 ボランティア・サポート・プログラムの実施団体の多くがボランティア団体である一方で、公的活動を担う道路協力団体は継続的な活動や組織、運営が求められ、ボランティア活動とは性格が異なると思われるが、見解はどうか。……………………………………………………………… 62
〈団体の活動エリア〉
  Q20 道路協力団体の活動エリアについては、範囲の制限などはあるのか。………………………………………………… 63
〈団体に対する監督等〉
  Q21 道路協力団体に対する監督の考え方はどのようなもの

か。国土交通大臣又は道路管理者による道路協力団体への情報提供、指導及び助言はどのような内容となるのか。……… 64

第5章　関係法令・通達集
1．法律・政令・省令 ……………………………………………………… 67
　(1) 道路法（昭和27年法律第180号）（抄） …………………… 67
　(2) 道路法施行令（昭和27年政令第479号）（抄） …………… 71
　(3) 道路法施行規則（昭和27年建設省令第25号）（抄） ……… 79
　(4) 道路整備特別措置法（昭和31年法律第7号）（抄） ……… 81
2．読替表・権限代行の概要 …………………………………………… 85
　(1) 踏切道改良促進法等の一部を改正する法律の施行に伴う関係政令の整備等に関する政令案　読替表 ……………… 85
　(2) 道路管理者の権限代行関係一覧 ………………………… 106
3．施行通知 ……………………………………………………………… 114
4．（参考）先進事例 …………………………………………………… 126

第1章

道路協力団体制度創設の背景

1．民間団体等との連携による道路管理

　この章では、民間団体等との連携による道路管理の経過、道路管理が抱える課題、審議会等における検討の経過を振り返ったうえで、道路協力団体制度を創設することとした平成28年道路法改正について概説する。

1．民間団体等との連携による道路管理

　道路管理の分野に民間団体等が制度的に参画するようになったのは、平成12年から国土交通省、沖縄総合事務局が直接管理する道路（指定区間内の国道、通称「直轄国道」）を対象として導入され、実施されている道路の美化・清掃プログラム「ボランティア・サポート・プログラム」（以下「VSP」という。）がきっかけである。これは、道路を慈しみ、住んでいるところをきれいにしたいという自然な心を形あるものにしようと考え出された米国の「アダプト・ア・ハイウェイ・プログラム」からヒントを得たものである。

参考 アダプト・ア・ハイウェイ・プログラムの概要

　アダプト・ア・ハイウェイ・プログラムとは、1985年、テキサス州運輸局が導入したのが始まりである。この方式は急速に全米に拡がり、現在では全米48州で導入されているほか、カナダ、ニュージーランド、プエルトリコでも実施されている。
　この基本となる仕組みは、①公共スペースの管轄権を持っている州運輸局等の部局が主導し、散乱ごみのある場所を選定、②住民や地元企業などに、一定区画をアダプト（養子）させ、定期的に清掃するなどの面倒を見てもらう（活動団体は、経費のみを負担する場合もある）、③当局は、アダプトプログラムについて契約書を取り交わし、④清掃用具、作業衣、作業標識などを貸与、⑤アダプト区画の始点と終点に、活動しているボランティアグループ名を、インセンティブとして立て看板で掲出、⑥分別回収したごみ袋は当局が回収する、というものである。
　現在では、道路だけでなく、公園や河川などを対象としたプログラムも多数ある。

第1章　道路協力団体制度創設の背景

　VSPは、道路管理者、協力者（市町村）、実施団体（ボランティア活動を行う団体）の三者が相互に連携して、協定を実施した区間の道路の簡単な清掃や美化等の活動を行うものである。道路管理者は、実施団体に対して清掃用具等を貸与・支給し、実施団体名入りのサインボードを実施区間に立てて、その活動を公表する。また、協力者は、清掃団体が収集したごみの回収・処理や実施団体の連絡窓口等の役割を担う（図1参照）。

　実施団体は、平成12年度末時点の48団体から平成26年度末時点の2,490団体へ増加している。また、その活動内容は、清掃、除草、花・植栽の管理が全体の90％を占めているが、こうした活動以外にも不法占用物件や道路破損箇所等の情報提供を担うものも存在している（図2参照）。

図1　VSPの仕組み

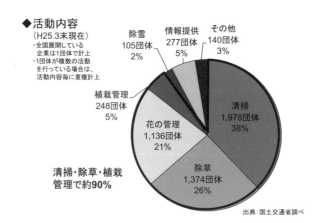

図2　VSPの活動内容

1．民間団体等との連携による道路管理

　このほかに、都道府県や市町村独自の取組としても、各地で「アダプト制度」等の名を冠し、道路管理への民間参画を促し、支援する制度が設けられている。さらに、地方部においては、集落の住民の総出により道路の補修等の活動を行う「日役（ひやく）」が長年行われてきた地域（京都府等）もあり、我が国における道路管理への民間参画の歴史は古い。

参考　都道府県における道路管理制度の導入状況

（平成28年３月時点、国土交通省調べ）

都道府県名	導入済み	制度名称
北海道	○	道路愛護活動への支援（ふれあいの街クリーン事業）
青森県	ー	ー
岩手県	○	アダプト協定
宮城県	○	スマイルロード・プログラム
秋田県	○	アダプト・ロード・プログラム
山形県	○	山形県マイロードサポート事業
福島県	○	うつくしまの道・サポート制度
茨城県	○	道路ボランティアサポート事業
栃木県	○	「愛ロードとちぎ」事業
群馬県	○	花と緑のクリーン作戦
埼玉県	○	彩の国ロードサポート制度
千葉県	○	千葉県道路アダプトプログラム
東京都	○	東京ふれあいロードプログラム
神奈川県	○	かながわアダプトプログラム
新潟県	○	うるおいの郷土はぐくみ事業
富山県	○	道路愛護ボランティア制度
石川県	○	地域連携沿道環境創出事業－いしかわ我がまちアダプト制度－

第1章　道路協力団体制度創設の背景

福井県	○	「道守（みちもり）」活動
山梨県	○	やまなし土木施設環境ボランティア
長野県	○	アダプトシステム（信州ふるさとの道ふれあい事業）
岐阜県	○	ぎふ・ロードプレーヤー事業
静岡県	○	しずおかアダプト・ロード・プログラム
愛知県	○	愛・道路パートナーシップ事業
三重県	○	ふれあいの道事業・美化ボランティア活動
滋賀県	○	近江の美知普請
京都府	○	さわやかボランティア・ロード事業
大阪府	○	アドプト・ロード・プログラム
兵庫県	○	ひょうごアドプト
奈良県	○	みんなで・守ロード
和歌山県	○	わかやま道路パートナー
鳥取県	○	土木施設愛護ボランティア
島根県	○	『ハートフルしまね』（鳥取県公共土木施設愛護ボランティア支援制度）
岡山県	○	「おかやまアダプト」
広島県	○	広島県アダプト制度
山口県	○	きらめき道路サポート事業・山口道路愛護ボランティア支援制度
徳島県	○	徳島県OURロードアドプト事業
香川県	○	香川さわやかロード
愛媛県	○	えひめ愛ロードサポーター事業
高知県	○	高知県ふれあいの道づくり支援事業
福岡県	○	さわやか道路美化促進事業

佐賀県	○	道路美化パートナー制度
長崎県	○	県民参加の地域づくり事業
熊本県	○	ロード・クリーン・ボランティア事業
大分県	○	クリーンロード支援事業
宮崎県	○	クリーンロードみやざき推進事業
鹿児島県	○	ふるさとの道サポート推進事業
沖縄県	○	道路ボランティア

2．道路管理の現実

　このように、近年、道路管理への民間団体等の参画が全国各地に拡がっており、これらの中には、自主的な活動として、道路の清掃、花壇の整備等に長期間にわたり携わってきたものもあり、その結果、道路管理者と協力して、道路管理に関する業務を適切に実施する能力を有するものが増加し、道路管理の充実に貢献してきているところである。

　他方で、基幹となる道路の整備が進み、ストック量の増大とともに老朽化が顕在化し、地域の特性に応じたきめ細やかな道路管理に対するニーズはますます増大することが見込まれる一方で、道路管理に充てることのできる予算や人材は限られている。道路管理に寄せられるニーズに応じて適切な管理を続けていくためには、道路管理における役割を期待されている地域の民間団体等について、その担い手としての位置づけを明確にして、そのスムーズな活動環境を整えることが必要となっている。

　また、道路以外の公物管理の世界では、河川法に基づく河川協力団体、海岸法に基づく海岸協力団体などのように、民間団体を法律上、協力団体として位置づけ各公物管理の充実を促している例も存在する。

3．財政出動を伴わない成長戦略としての道路空間オープン化の議論

　人口減少や少子高齢化の進展等により財政状況は厳しさを増しており、財政負担を最小化した効率的な維持更新を着実に推進することが、我が国の持続可能な経済成長のために求められている。一方で、近年、新しい生活スタイルの享受や環境の保全に対する国民意識の向上により、国民の社会的ニーズは多様化しつつあり、民間企業においてもこれらの社会ニーズに応えるための新しい企業活動が模索されており、道路空間に係る規制緩和を想定した新たなビジネスチャンスへの期待も高まっているところである。

　こうした中で、国土交通省道路局では、平成22年10月から4回にわたって、道路PPP研究会（座長：石田東生筑波大学教授・学長補佐）を開催し、道路分野における空間利用に着目した新たな官民連携の取組について検討を行った。

　これらを受け、国土交通省に設置された審議会の一つである社会資本整備審議会道路分科会において道路管理者と民間団体との連携深化について、「社会資本整備審議会道路分科会建議中間とりまとめ」（平成24年6月）においては、次のような内容が盛り込まれた。

Ⅳ．具体的施策の提案
　6．持続可能で的確な維持管理・更新
　　(2) 効率的な維持管理の実施
　　　・既に実績がある沿道住民、利用者による道路の維持管理への参画、協働をより一層進めていくべきである。
Ⅴ．施策の進め方についての提案
　2．利用者との協働による道路の総合的なマネジメントの導入
　　(2) 多様な主体との協働
　　　・道路の管理、改善段階において、NPO等を道路サービスの担い手として位置づけ、道路管理者等と積極的に連携し、TDMの実施等において主体的な道路サービスの提供ができるよう、活動に必要な情報提供や民間からの寄付の促進

等、道路行政としての環境整備を行うべきである。

　この中間とりまとめ等を受け、道路管理をより適切かつ効率的なものとするためには、このような道路の維持等を適切に実施することができる民間団体等が円滑に活動できるような環境整備が必要であることから、道路管理の担い手として民間団体等を法律上位置づけ、こうした民間団体等と道路管理者との連携の強化を図る仕組み―「道路協力団体制度」を創設することとされた。

4．平成28年道路法改正

　国土交通省は、平成28年2月2日に閣議決定された踏切道改良促進法等の一部を改正する法律案に、道路協力団体制度の創設等を内容とした道路法（昭和27年法律第180号）の改正案を盛り込んだ。

　その後、衆参両院における審議を経て、同年3月31日、踏切道改良促進法等の一部を改正する法律（平成28年法律第19号）が成立・公布された。道路協力団体制度の創設等に係る改正内容は、同年4月1日から施行されている。

第1章　道路協力団体制度創設の背景

●踏切道改良促進法等の一部を改正する法律（概要）

<日切れ扱い、予算関連法>

交通の安全の確保とその円滑化を図るため、踏切道改良促進法の指定期限を5年間延長するほか、地域と連携した幅広い踏切道の対策を促進するための措置を講じるとともに、民間による維持管理・利便性向上を促進するための道路協力団体制度の創設、道路上の不法占用物件に係る対策の強化等の所要の措置を講ずる。

①踏切道改良促進法の一部改正

◆依然として多い踏切事故・渋滞

法施行(S36年)後50年で、
・踏切数半減(約7万→約3.4万)
・遮断機の無い踏切も約1割まで減少

➢ 踏切事故は約1日に1件、約4日に1人死亡
　　※踏切事故件数248件、死亡者数92人(H26年度)
　　死亡者に占める歩行者の割合：約8割/(うち65歳以上の高齢者：約4割)

➢ 開かずの踏切は約600箇所存在する一方、立体交差化等の抜本対策には長期間が必要
　　※開かずの踏切の事故件数は他の踏切の約4倍

➢ 現行法に基づく踏切改良の方法は、
　　・立体交差化
　　・構造の改良
　　・保安設備の整備　等に限定

➢ 鉄道事業者・道路管理者以外の地域の関係者と連携した取組が必要

◆改正概要

○改良すべき踏切道の指定期限を5年間延長（H28〜32年度）
※課題のある踏切は、改良の方法が合意されていなくとも指定する仕組みに改正。

○踏切道の改良方法の拡充
➡ 従前の対策に加え、当面の対策(カラー舗装等)や踏切周辺対策(駅周辺の駐輪場整備やバリアフリー化等による踏切横断交通量の低減)等を位置づけ、ソフト・ハード両面からできる対策を総動員

○改良方法を検討するための協議会制度の創設
➡ 地域の関係者と連携し、地域の実情に応じた対策を検討

※保安設備整備に係る補助制度の拡充により、高齢者等の歩行者事故対策を強化。
また、連続立体交差化を無利子貸付で支援(継続)。

改正法に基づき、課題のある踏切を指定※し、H32年度までに下記の達成を目指す。
※少なくとも1,000箇所以上を指定

・踏切事故件数：約1割削減
　(H26年度 248件 → H32年度 約220件)
・踏切遮断による損失時間：約5%削減
　(H25年度 約123万人・時/日 → H32年度 約117万人・時/日)

②道路法の一部改正

◆道路の安全確保、利便性向上の必要性

➢ 民間団体等の活動と連携して道路の管理の一層の充実を図る必要
➢ 民間団体等によるスムーズな活動環境を整える必要
➢ 看板等による点字ブロックの遮断、強風に煽られたのぼり旗による交通への危険等が存在

◆改正概要

○道路協力団体制度の創設
➡ 清掃や道路の陥没等の異常発見等、民間団体等による道路管理の充実、道路の利便増進等
(占用許可等の手続を簡素化)

上：活動例(シェアサイクル施設整備等)

下：活動例(オープンカフェ設置)

○不法占用物件に係る対策の強化
➡ 道路管理者が、車両からの落下物等だけでなく、交通に危険を及ぼす不法に設置された看板等を除去可能に

踏切道、歩道等を含めた道路及び鉄道の安全性の向上、交通の円滑化

第2章

ポイント解説
道路協力団体制度

― 趣旨・狙い・指定の手続 ―

1．道路協力団体制度のポイント

　この章では、道路協力団体制度の運用に携わる道路管理者のみならず、道路協力団体制度を活用して道路の管理に参画しようとする民間団体等にとっての理解の助けとなるよう、道路協力団体制度のポイントを端的にまとめるとともに、道路協力団体制度の趣旨や狙いなどを整理することとする。

1．道路協力団体制度のポイント

1　道路管理者は、2の業務を適正かつ確実に行うことができると認められる法人その他これに準ずるものとして国土交通省令で定める団体を、その申請により、道路協力団体として指定することができるものとすること。
2　道路協力団体は、道路管理者に協力して道路に関する工事又は道路の維持を行うこと等の業務を行うものとすること。
3　道路管理者の道路協力団体に対する監督等を定めるものとすること。
4　国土交通大臣又は道路管理者は、道路協力団体に対し、2の業務の実施に関し必要な情報の提供又は指導若しくは助言を行うものとすること。
5　道路協力団体が2の業務として行う国土交通省令で定める行為の実施に必要な工事等の承認や道路の占用の許可については、道路協力団体と道路管理者との協議が成立することをもって、これらの許可等があったものとみなすものとすること。
　　　　　　　　　（道路法第48条の20から第48条の24までの概要）

①道路協力団体の指定、業務（道路法第48条の20、第48条の21）
　近年、国民の道路に対するニーズの多様化が進んでいるほか、厳しい財政状況、技術者の不足といった制約もある中で、国や地方公共団体と連携して道路の管理、清掃等に取り組むNPO法人等の民間団体の果たす役割の重要性が高まっている。

第2章　ポイント解説　道路協力団体制度

　今般の改正後の道路法（以下「改正道路法」という。）では、そのような民間団体等を道路管理の新たな担い手として法律上位置付け、道路管理の一層の充実を図るため、道路管理者は、下記の業務を適正かつ確実に行うことができると認められる法人その他これに準ずるものとして国土交通省令で定める団体を、その申請により、「道路協力団体」として指定することができることとした。

　道路協力団体には、地域の道路の使い方や課題の検討・解消に向け、地域の関係者による協議会への参画など、道路の利用者目線での活動が期待されている。

　道路協力団体の業務は、以下のとおりである。

---
1)　道路管理者に協力して、道路に関する工事又は道路の維持を行うこと（例：道路の清掃、花壇の整備、植栽管理、歩道のバリアフリー化等）
2)　1)に掲げるもののほか、安全かつ円滑な道路の交通の確保又は道路の通行者若しくは利用者の利便の増進に資する工作物、物件又は施設であって国土交通省令で定めるものの設置又は管理を行うこと（例：自転車駐車場の整備・管理、オープンカフェの設置、案内看板の設置等）
3)　道路の管理に関する情報又は資料を収集し、及び提供すること（例：不法占用物件の確認及び道路管理者への情報提供等）
4)　道路の管理に関する調査研究を行うこと（例：道路利用者のニーズ調査等）
5)　道路の管理に関する知識の普及及び啓発を行うこと（例：通勤・通学の安全確保に関する意見交換会、道路占用制度に関する啓発活動、無電柱化に係る意見交換会等）
6)　1)～5)に掲げる業務に附帯する業務を行うこと。
---

②**監督、情報提供等（道路法第48条の22、第48条の23）**

　改正道路法では、道路管理者は、道路協力団体の業務の適正かつ確実な実施を確保するため必要があると認めるときは、同団体に対し、

その業務に関し報告をさせることができることとしている。そして、道路管理者は、道路協力団体が業務を適正かつ確実に実施していないと認めるときは、同団体に対し、その業務の運営の改善に関し必要な措置を講ずべきことを命じることができることとするとともに、同団体がこの命令に違反したときは、その指定を取り消すことができることとしている。

また、改正道路法では、国土交通大臣又は道路管理者は、道路協力団体に対し、その業務の実施に必要な情報の提供又は指導若しくは助言をするものとしている。

③道路協力団体に対する道路管理者の承認等の特例（道路法第48条の24）

道路法では、道路管理者以外の者が道路に関する工事等を行う場合には、道路管理者の承認を受ける必要があるほか（道路法第24条）、道路に物件、歩廊、地下街、露店等を設け、継続して道路を使用しようとする場合においては、道路管理者の許可を受けなければならないこととされている（同法第32条）。

改正道路法では、道路協力団体について上記の原則の例外を設けることとし、道路協力団体の業務の実施に必要な工事等の承認や道路の占用の許可については、道路協力団体と道路管理者との協議が成立することをもって、これらの許可等があったものとみなすこととしている。このような手続の簡素化により、道路協力団体がオープンカフェ、シェアサイクル施設の設置といった道路の利便向上のための収益活動を円滑に実施できるようになり、道路空間の修景、除草・植栽活動、不法占用調査などの道路管理活動の原資を捻出しやすい環境が整備され、持続可能な道路協力団体制度の構築につながることが期待されている。

2．道路協力団体制度の趣旨・狙い

除草・植栽活動をはじめとした美化活動の推進、道路空間の修景、無電柱化の推進、不法占用物件の調査、通学路対策、標識・看板設置、自転車道対策、踏切通行の安全確保等、道路空間における安全かつ円滑な

交通の確保を図るうえで、道路管理者が抱える政策課題は多岐にわたっている。

また、道路空間を活用した賑わいの創出や、良好な沿道景観の形成など、快適な空間づくりを通じて地域の価値・魅力向上に果たす道路空間の役割は小さくないといえ、またその重要性が高まる中、シェアサイクルの運営、道の駅を活用したイベント開催、オープンカフェや案内看板の設置等の新しいニーズも拡大している。

このような背景の下、創設された道路協力団体制度は、自発的に道路の維持、道路交通環境の向上等に関する活動を行うNPO法人等の民間団体を支援するものである。

道路協力団体として指定される民間団体には、道路の清掃、花壇の整備等の活動はもちろんのこと、上記のような収益活動にも積極的に参画する道が啓かれている。

民間団体側の視点からは、上記のような新しいニーズに対して法令に基づき道路管理者等が一律に規制するのではなく、道路協力団体の活動を円滑化する観点から、民間団体と道路管理者との連携の深化等を通じて、柔軟な道路占用等の運用が可能となっている点がポイントとなっている。

また、道路管理者側の視点からは、民間団体と道路管理者との連携を深化させるため、道路空間を活用した収益事業の民間開放と合わせて公的活動への参画を担保することにより、民間団体のニーズに裏付けられた活力を道路管理の適正化・充実と道路空間の活用推進に生かすことが期待される。

3．道路協力団体の指定を受けるための手続

道路協力団体としての指定は道路管理者が行うとされていることから、その指定を受けようとする者は、道路協力団体として活動することを希望する道路を管理する道路管理者に問い合わせることとなる。なお、直轄国道の場合には、北海道開発局、地方整備局又は沖縄総合事務局が担務している。

3．道路協力団体の指定を受けるための手続

道路協力団体制度の創設

○民間団体等との連携による道路の管理の一層の充実を図るため、道路協力団体制度を創設。
○道路協力団体が道路の魅力向上のための活動で得た収益により道路管理活動を併せて充実させることも可能。
○地区単位の道路の使い方や課題の検討・解消に向け、複数の道路管理者等による協議会に参画し、道路の利用者目線での活動を期待。

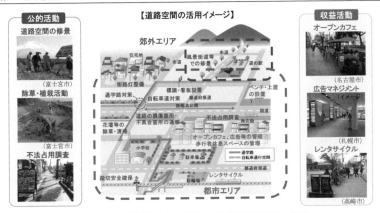

※スムーズな活動環境整備のため、道路工事・占用に係る行政手続を円滑・柔軟化

第 3 章

逐条解説
改正道路法

この章では、道路協力団体制度に関する道路法の規定について、逐条で解説する。

1．道路法第48条の20関係

○**道路法**（昭和27年法律第180号）（抄）
（道路協力団体の指定）
第48条の20　道路管理者は、次条に規定する業務を適正かつ確実に行うことができると認められる法人その他これに準ずるものとして国土交通省令で定める団体を、その申請により、道路協力団体として指定することができる。
2　道路管理者は、前項の規定による指定をしたときは、当該道路協力団体の名称、住所及び事務所の所在地を公示しなければならない。
3　道路協力団体は、その名称、住所又は事務所の所在地を変更しようとするときは、あらかじめ、その旨を道路管理者に届け出なければならない。
4　道路管理者は、前項の規定による届出があつたときは、当該届出に係る事項を公示しなければならない。

○**道路法施行規則**（昭和27年建設省令第25号）（抄）
（道路協力団体として指定することができる法人に準ずる団体）
第4条の18　法第48条の20第1項の国土交通省令で定める団体は、法人でない団体であつて、事務所の所在地、構成員の資格、代表者の選任方法、総会の運営、会計に関する事項その他当該団体の組織及び運営に関する事項を内容とする規約その他これに準ずるものを有しているものとする。
（道路協力団体の指定）
第4条の19　法第48条の20第1項の規定による指定は、法第48条の21各号に掲げる業務のうち道路協力団体が行うもの及び当該業務を行う道路の区間を明らかにしてするものとする。

【解説】
(1) 道路法第48条の20第1項関係
○ 道路管理者は、道路法第48条の21各号に掲げる業務を適正かつ確実に行うことができると認められる法人その他これに準ずるものとして国土交通省令で定める団体を、その申請により、道路協力団体として指定することができることとしている。

> **参考**
>
> このように一定の行政目的にも資する活動を行う団体を指定する他法令の例としては、以下のもの等がある。
> ・ 港湾協力団体（港湾法（昭和25年法律第218号）第41条の2）
> ・ 海岸協力団体（海岸法（昭和31年法律第101号）第23条の3）
> ・ 河川協力団体（河川法（昭和39年法律第167号）第58条の8）
> ・ 都市再生推進法人（都市再生特別措置法（平成14年法律第22号）第118条）

○ 国土交通省令で定める団体は、法人でない団体であって、事務所の所在地、構成員の資格、代表者の選任方法、総会の運営、会計に関する事項その他当該団体の組織及び運営に関する事項を内容とする規約その他これに準ずるものを有しているものとされており（道路法施行規則第4条の18）、具体的には、法人格を有しない自治会、町内会、PTA、ボランティア団体等が想定される。

これは、道路協力団体としての業務を行うためには法人と同等の組織としての体制を備えていることが最低限必要であること、道路協力団体に指定された場合、単に道路協力団体として一定の業務を行うことを義務付けられるだけではなく、道路法上設けられた監督規定（道路法第48条の22）に基づき一定の処分の名宛人になる場合も想定されることから、このような要件が定められている。

○ また、業務の内容別に一定の区間ごとに当該区間において業務を行う道路協力団体を指定することを想定していることから、道路協

力団体の指定は、当該道路協力団体が行う業務及び区間を明らかにして行うこととされている（道路法施行規則第4条の19）。なお、この法律的な効果として、道路法第48条の24の規定の適用を受けることができるのは、当該業務及び当該区域内におけるものに限定されることとなる。

> **参考**
>
> 　河川協力団体については、その行う業務を明らかにして指定することとされていないが、道路協力団体については、以下の理由から、その行う業務を明らかにして指定することとされている。
> ・　道路法第48条の21第1号、第3号から第5号までに掲げる業務を行うことを求める者に比べて第2号の業務を行うことを求める者が多数存在することが想定されるところ、著しく多くの者が第2号業務を行う場合には道路上の安全かつ円滑な交通の確保等を図ることが困難となる事態も想定される。このため、道路管理者が第2号業務を行うことができる者を主体的に一定程度にコントロールすることを可能とする必要がある。
> ・　道路管理者が明らかにして指定していない業務を行った道路協力団体については、道路法第48条の24の規定による協議を行うことができないこととすることで、上記コントロールの実効性を高めることが可能である。

(2) 道路法第48条の20第2項から第4項まで関係

　道路管理者が道路協力団体の指定をしたときは、当該道路協力団体の名称、住所及び事務所の所在地を公示しなければならないこととされている（第2項）。

　また、道路協力団体は、その名称、住所又は事務所の所在地を変更しようとするときは、あらかじめ、その旨を道路管理者に届け出なければならないこととされている（第3項）。

　また、届け出を受けた道路管理者は、当該届出に係る事項を公示しなければならないとされている（第4項）。

なお、届け出の対象には、道路協力団体が行う業務及び区間が定められていないが、これを変更しようとする場合には改めて道路協力団体の指定を受ける必要があることに留意が必要である。

また、届け出に当たって必要な様式については、法令上特段の定めが設けられていないため、道路協力団体は、道路管理者が定める様式がある場合には当該様式によって、道路管理者が定める様式がない場合には任意の様式によって、道路管理者に必要な情報を届け出ることとなる。

2．道路法第48条の21

○**道路法**（昭和27年法律第180号）（抄）
（道路協力団体の業務）
第48条の21 道路協力団体は、当該道路協力団体を指定した道路管理者が管理する道路について、次に掲げる業務を行うものとする。
　一　道路管理者に協力して、道路に関する工事又は道路の維持を行うこと。
　二　前号に掲げるもののほか、安全かつ円滑な道路の交通の確保又は道路の通行者若しくは利用者の利便の増進に資する工作物、物件又は施設であつて国土交通省令で定めるものの設置又は管理を行うこと。
　三　道路の管理に関する情報又は資料を収集し、及び提供すること。
　四　道路の管理に関する調査研究を行うこと。
　五　道路の管理に関する知識の普及及び啓発を行うこと。
　六　前各号に掲げる業務に附帯する業務を行うこと。

○**道路法施行規則**（昭和27年建設省令第25号）（抄）
（道路協力団体が業務として設置又は管理を行う工作物等）
第４条の20　法第48条の21第２号の国土交通省令で定める工作物、物件又は施設は、次に掲げるものとする。

一　看板、標識、旗ざお、幕、アーチその他これらに類する物件又は歩廊、雪よけその他これらに類する施設で安全かつ円滑な道路の交通の確保に資するもの
二　令第7条第9号の自動車駐車場及び自転車駐車場で道路の通行者又は利用者の利便の増進に資するもの
三　令第7条第12号の車輪止め装置その他の器具で道路の通行者又は利用者の利便の増進に資するもの（前号に掲げる施設に設けるものを除く。）
四　広告塔又は看板で良好な景観の形成又は風致の維持に寄与するもの
五　標識又はベンチ若しくはその上屋、街灯その他これらに類する工作物で道路の通行者又は利用者の利便の増進に資するもの
六　食事施設、購買施設その他これらに類する施設で道路の通行者又は利用者の利便の増進に資するもの
七　次に掲げるもので、集会、展示会その他これらに類する催し（道路に関するものに限る。）のため設けられ、かつ、道路の通行者又は利用者の利便の増進に資するもの
　　イ　広告塔、ベンチ、街灯その他これらに類する工作物
　　ロ　露店、商品置場その他これらに類する施設
　　ハ　看板、標識、旗ざお、幕及びアーチ

【解説】

　道路協力団体は、当該道路協力団体を指定した道路管理者が管理する道路について、以下の業務を行うものとされている。
① 道路管理者に協力して、道路に関する工事又は道路の維持を行うこと。
　（例：歩道の段差解消、歩道における植栽の維持管理）
② 安全かつ円滑な交通の確保又は道路の通行者若しくは利用者の利便の増進に資する工作物、物件又は施設であって国土交通省令で定めるものの設置又は管理を行うこと。
　（例：看板類の設置、自転車駐輪場の設置又は管理）

③ 道路の管理に関する情報又は資料を収集し、及び提供すること。
（例：道路の損傷箇所や不具合箇所の発見及び道路管理者への連絡）
④ 道路の管理に関する調査研究を行うこと。
（例：道路管理に資する交通量調査）
⑤ 道路の管理に関する知識の普及及び啓発を行うこと。
（例：無電柱化に関する勉強会の開催）
⑥ ①～⑤の業務に附帯する業務を行うこと。
　なお、道路協力団体は、第1号から第6号までに掲げる業務の全てを行う必要はなく、団体の活動趣旨、体制等に応じて、その希望する業務を行うこととなる。

　これらのうち、道路法第48条の21第2号（②）においては、道路協力団体が、当該道路協力団体を指定した道路管理者が管理する道路について行う業務として、次の施設の設置又は管理を行うことが掲げられている。

(1) 安全かつ円滑な道路の交通の確保に資する工作物、物件又は施設

道路法施行規則第4条の21各号における規定	具体例
一　看板、標識、旗ざお、幕、アーチその他これらに類する物件又は歩廊、雪よけその他これらに類する施設で安全かつ円滑な道路の交通の確保に資するもの	・踏切通行者に対する注意喚起看板 ・雨よけ機能を有する歩廊　等

(2) 道路の通行者若しくは利用者の利便の増進に資する工作物、物件又は施設

道路法施行規則第4条の21各号における規定	具体例
二　令第7条第9号の自動車駐車場及び自転車駐車場で道路の通	・自動車駐車場、自転車駐車場　等

行者又は利用者の利便の増進に資するもの	
三　令第7条第12号の車輪止め装置その他の器具で道路の通行者又は利用者の利便の増進に資するもの（前号に掲げる施設に設けるものを除く。）	・　シェアサイクル事業のための自転車駐車器具
四　広告塔又は看板で良好な景観の形成又は風致の維持に寄与するもの	・　良好な街並みの形成等を通じて道路の通行者等の利便の増進に資する広告塔（デジタルサイネージ、情報パネル）等 …国家戦略特区法等において道路占用の特例の対象とされているものと同様。
五　標識又はベンチ若しくはその上屋、街灯その他これらに類する工作物で道路の通行者又は利用者の利便の増進に資するもの	・　無料巡回バスのバス停やベンチ　等 …国家戦略特区法等において道路占用の特例の対象とされているものと同様。
六　食事施設、購買施設その他これらに類する施設で道路の通行者又は利用者の利便の増進に資するもの	・　オープンカフェ ・　路上スタンド　等 …国家戦略特区法等において道路占用の特例の対象とされているものと同様。
七　次に掲げるもので、集会、展示会その他これらに類する催し（道路に関するものに限る。）のため設けられ、かつ、道路の通行者又は利用者の利便の増進に	・　道路に関するイベント（例：無電柱化シンポジウム等）のために設けられた案内看板　等 …国家戦略特区法等において道路占用の特例の対象とされている

資するもの イ　広告塔、ベンチ、街灯その他これらに類する工作物 ロ　露店、商品置場その他これらに類する施設 ハ　看板、標識、旗ざお、幕及びアーチ	ものと同様。

3．道路法第48条の22

（監督等）
第48条の22　道路管理者は、前条各号に掲げる業務の適正かつ確実な実施を確保するため必要があると認めるときは、道路協力団体に対し、その業務に関し報告をさせることができる。
2　道路管理者は、道路協力団体が前条各号に掲げる業務を適正かつ確実に実施していないと認めるときは、道路協力団体に対し、その業務の運営の改善に関し必要な措置を講ずべきことを命ずることができる。
3　道路管理者は、道路協力団体が前項の規定による命令に違反したときは、その指定を取り消すことができる。
4　道路管理者は、前項の規定により指定を取り消したときは、その旨を公示しなければならない。

【解説】
　道路協力団体は、当該団体が法第48条の21に規定する業務を適正かつ確実に行うことができると認められる法人等であることを前提として指定するものである（法第48条の20）。また、道路協力団体としての指定を受けることで、道路管理者の承認等の特例の適用の対象となる（法第48条の24）ことから、道路管理者は、道路協力団体の指定後も、当該団体が法第48条の21に掲げる業務を適正かつ確実に実施してよいかどうか

を監督する必要がある。
　このため、道路管理者は、道路協力団体の業務の適正かつ確実な実施を確保するため必要があると認めるときは、道路協力団体に対し、その業務に関し報告をさせることができることとされている。
　また、道路管理者は、道路協力団体が業務を適正かつ確実に実施していないと認めるときは、道路協力団体に対し、その業務の運営の改善に関し必要な措置を講ずべきことを命ずることができることとし、道路協力団体がその命令に違反したときは、指定を取り消すことができることとされている。

4．道路法第48条の23

（情報の提供等）
第48条の23　国土交通大臣又は道路管理者は、道路協力団体に対し、その業務の実施に関し必要な情報の提供又は指導若しくは助言をするものとする。

【解説】
　道路協力団体は、道路管理者に協力し密に連携をとり、道路管理に係る業務を適正かつ確実に行う必要がある。このため、道路管理に係る豊富な知見を有する国土交通大臣又は道路協力団体の業務実施区間の管理に係る知見を有する道路管理者が、その業務の実施に関し必要な情報の提供又は指導若しくは助言をすることで、道路協力団体の業務実施を支援し、道路管理者及び道路協力団体の間の連携を強化することとされている。

5．道路法第48条の24

○**道路法**（昭和27年法律第180号）（抄）
（道路協力団体に対する道路管理者の承認等の特例）
第48条の24　道路協力団体が第48条の21各号に掲げる業務として行う国土交通省令で定める行為についての第24条本文並びに第32条第1項及び第3項の規定の適用については、道路協力団体と道路管理者との協議が成立することをもつて、これらの規定による承認又は許可があつたものとみなす。

○**道路法施行規則**（昭和27年建設省令第25号）（抄）
（道路協力団体に対する道路管理者の承認等の特例の対象となる行為）
第4条の21　法第48条の24の国土交通省令で定める行為は、次の各号に掲げる承認又は許可の区分に応じ、当該各号に定める行為（当該道路協力団体がその業務を行う道路の区間において行うものに限る。）とする。
一　法第24条本文の規定による承認　花壇その他道路の緑化のための施設の設置、道路の交通に支障を及ぼしている構造上の原因の一部を除去するために行う突角の切取りその他の道路に関する工事又は除草、除雪その他の道路の維持
二　法第32条第1項又は第3項の規定による許可　工事用施設、工事用材料その他これらに類する工作物、物件若しくは施設で道路に関する工事若しくは道路の維持のためのもの、前条各号に掲げる工作物、物件若しくは施設又は看板、標識その他これらに類する物件で道路の管理に関する情報若しくは資料の収集及び提供、調査研究若しくは知識の普及及び啓発のためのものに係る道路の占用（前条第2号から第7号までに掲げる工作物、物件又は施設に係る道路の占用にあつては、法第48条の21第1号に掲げる業務を行う道路協力団体が行うものに限る。）

【解説】

○　道路協力団体が道路法第48条の21各号に掲げる業務として行う国土交通省令で定める行為に係る工事等の承認（同法第24条本文）及び占用の許可（同法第32条第1項又は第3項）の規定の適用については、道路協力団体と道路管理者との協議が成立することをもって承認又は許可があったものとみなすこととされている。

○　この特例は、道路協力団体制度が道路管理を適切に実施することができる市民団体等の民間主体を道路管理の新たな担い手として法律上位置づけ、これまで道路管理者が担ってきた業務の一部を実施してもらうものであることを踏まえ、道路管理者がその業務を円滑に実施できるよう、業務の実施に必要な道路管理者の承認等の手続を簡素化するという趣旨である。したがって、道路協力団体が業務として実施することが想定され、期待されるものが特例の対象として規定されている。

① 道路法第24条本文の規定による承認

　A）道路に関する工事関係

　　花壇その他道路の緑化のための施設の設置、突角の切取りが主に想定されるが、これらは例示であり、道路協力団体が道路管理者に協力して実施する道路に関する工事の全てが対象となる。

　B）道路の維持関係

　　除草、除雪が主に想定されるが、これらは例示であり、道路協力団体が道路管理者に協力して実施する道路の維持の全てが対象となる。

② 道路法第32条第1項又は第3項の規定による許可

　A）工事用施設、工事用材料その他これらに類する工作物、物件若しくは施設で道路に関する工事若しくは道路の維持のためのものに係る道路の占用

　　道路協力団体が道路法第48条の21第1号に掲げる業務を行うために、工事用板囲、足場、詰所等の工事用施設、土石、竹木等の

工事用材料により道路の占用を行うことが想定されるため、特例の対象とされている。
B）道路法施行規則第 4 条の20各号に掲げる工作物、物件若しくは施設に係る道路の占用
　道路協力団体が道路法第48条の21第 2 号の業務を行うために、看板、標識等により道路の占用を行うことが想定されるため、特例の対象とされている。
C）看板、標識その他これらに類する物件で道路の管理に関する情報若しくは資料の収集及び提供、調査研究若しくは知識の普及及び啓発のためのものに係る道路の占用
　看板、標識に類する物件であって道路協力団体が道路法第48条の21第 3 号から第 5 号までに掲げる業務を行うために必要なものにより道路の占用を行うことが想定されるため、特例の対象とされている。

　なお、道路法施行規則第 4 条の20第 2 号から第 7 号までに掲げる工作物等については、道路の通行者又は利用者の利便の増進に資するものであるが、当該工作物等の設置等を伴う業務は、必ずしも道路の適切な管理に資するものであるとは言えない。道路協力団体は、道路管理者に協力し、道路の適切な管理を行う団体であることから、当該工作物等の設置等に係る占用許可の特例を認めることとされているものであるため、道路法第48条の21第 1 号に掲げる業務を行う道路協力団体が行う業務に係る占用に限り、特例の対象とすることとされている。

　一方で、道路法施行規則第 4 条の20第 1 号に掲げる工作物等については、安全かつ円滑な道路の交通の確保に資するものであり、当該工作物等の設置等を伴う業務は、必然的に道路の適切な管理に資するものであることから、当該工作物等の設置等に係る占用許可の特例については、道路法第48条の21第 1 号に掲げる業務を行う道路協力団体に限らず認められている。

5．道路法第48条の24

○　なお、この特例により特に占用の許可に関しては、道路占用の二次的意義に鑑み、必要以上の道路占用及び道路管理上好ましくない道路占用を排除するため道路管理者が許可を行う裁量を拘束する趣旨から設けられている道路法第33条第１項の規定が適用されないこととなることから、いわゆる「無余地性の基準」と「技術基準」は適用除外され道路管理者が許可を与えるかどうかをこれらの基準にかかわらず判断することができる。

① 「無余地性の基準」関係

　道路法第33条第１項では、占用許可は道路法第33条第２項に規定する場合を除き「道路の敷地外に余地がないためにやむを得ない場合」に限り、道路占用を許可することとされている。道路の占用が、道路本来の目的からは好ましくないことである以上、他に余地がある場合に占用を認める必要はないからである。

　しかしながら、道路協力団体が行う占用は、道路管理者による道路管理に協力する業務に伴うものであったり、安全かつ円滑な道路の交通の確保又は道路の通行者若しくは利用者の利便の増進に資するものであったりするため、「道路本来の目的からは好ましくないことである」とは言えない。このため、道路協力団体については、無余地性の基準が適用除外されている。

② 「技術基準」関係

　占用許可は、道路法第33条第１項の政令で定める基準に適合する場合でなければならないこととされている。政令及び関連省令では、占用の期間、場所等について、道路の構造保全又は交通の危険防止の見地から基準が定められている。

　しかしながら、道路協力団体が行う占用は、道路管理者による道路管理に協力する活動に伴うものであったり、安全かつ円滑な道路の交通の確保又は道路の通行者若しくは利用者の利便の増進に資するものであったりするため、道路管理者と協議してその可否を決定することとし、当該基準にかかわらず、道路管理者が柔軟に判断することができることとされている。

○　その他、道路の占用に当たっては道路交通法（昭和35年法律第105号）第77条の道路使用許可を受けなければならないことが多いが、本特例の適用を受ける場合であっても、都道府県警察における交通規制権限・事務に対して何らの変更をもたらすものではなく、引き続き道路使用許可を受けなければならないことに留意が必要である。

6．道路法第48条の25

(踏切道の改良への協力)
第48条の25　道路協力団体は、踏切道改良促進法（昭和36年法律第195号）第4条第6項（同条第13項において準用する場合を含む。）に規定する同意をした同条第1項に規定する地方踏切道改良計画又は同法第5条第3項（同条第6項において準用する場合を含む。）において準用する同法第4条第6項に規定する同意をした同法第5条第1項に規定する国踏切道改良計画（以下この条において「同意地方踏切道改良計画等」という。）に道路協力団体の協力が必要な事項が記載されたときは、当該同意地方踏切道改良計画等に基づき鉄道事業者及び道路管理者が実施する踏切道（同法第2条に規定する踏切道をいう。）の改良に協力するものとする。

【解説】
　道路協力団体は道路の清掃、花壇の整備、道路の損傷・不具合箇所の発見・通報など、地域の特性を踏まえつつ道路に関する工事、維持等の業務を行うものである。このような団体の立場から踏切道をみると、踏切道における人身事故の被害者の多くが地域住民である歩行者であること、また、踏切道を原因とした道路の渋滞等が地域の社会面、環境面等に悪影響を与えていることに鑑みれば、踏切道における安全かつ円滑な交通の確保のための対策は地域における重要課題である。さらに、道路協力団体は、段差解消工事、カラー舗装等、踏切道の改良に活用できる相当のノウハウを有していることからも、道路協力団体は、鉄道事業者及び道路管理者による踏切道の改良に協力することが強く期待されてい

る。
　このため、改正後の踏切道改良促進法第4条第1項の地方踏切道改良計画又は同法第5条第1項の国踏切道改良計画に、鉄道事業者及び道路管理者が実施する踏切道の改良に道路協力団体の協力が必要な事項を記載することができることとするとともに（改正後の踏切道改良促進法第4条第5項及び第6項並びに同法第5条第3項）、その場合には、道路協力団体は、当該地方踏切道改良計画又は当該国踏切道改良計画に基づき、踏切道の改良に協力する旨が本条に規定されている。
　なお、道路協力団体が踏切道の改良に協力して実施することが期待される取組としては、例えばカラー舗装、踏切事故の防止のための注意看板の設置、迂回路の案内等の情報提供、啓発活動などが考えられるが、これらと改正後の道路法第48条の21に規定する道路協力団体の業務との対応関係は以下のとおりである。

カラー舗装	第48条の21第1号業務 （道路に関する工事）
踏切事故の防止のための注意看板の設置	第48条の21第2号業務 （安全かつ円滑な交通の確保に資する物件の設置）
迂回路の案内等の情報提供	第48条の21第3号業務 （道路の管理に関する情報提供）
啓発活動	第48条の21第5号業務 （道路の管理に関する啓発）

第4章

Q&A
道路協力団体制度

〈踏切道改良促進法と一括改正の理由〉

> **Q1** なぜ踏切道改良促進法の改正と、道路協力団体制度の創設を目的とする道路法の改正を一括ですることとしたのか。

A

○ 踏切道改良促進法等の一部を改正する法律（平成28年法律第19号）は、踏切道等における交通の安全性・円滑性を向上させるため、課題のある踏切について国土交通大臣が着実に指定を行い、地域の関係者等との協議会を通じたプロセスの「見える化」も行いつつ、立体交差化等の従来の改良方法に加え、当面の対策・踏切周辺対策等も幅広く取り込みながら、計画的に対策を講じることができることとするとともに（踏切道改良促進法（昭和36年法律第195号）改正）、民間団体等が踏切・駅周辺の環境整備をはじめ、道路の維持管理等の公的な活動に参加する環境を整備するため、道路協力団体制度を設ける他、危険な不法占用物件対策の強化を図る（道路法改正）ものである。

○ このため、踏切道改良促進法等の一部を改正する法律は、踏切道改良促進法と道路法とが相まって安全性の向上を図るという点において改正の目的が合致する。
　また、踏切道改良促進法において、踏切・駅周辺の環境整備など改良計画に道路協力団体の協力が必要な事項を記載可能とする（※）とともに、道路法において、記載された際の道路協力団体の協力義務を規定（※）しており、両法の条項が相互に関連する。
（※）踏切道改良促進法第4条第5項及び第5条第3項
　　道路法第48条の25

○ 以上のことから、踏切道改良促進法と道路法を一括して改正することとされたものである。

第4章　Q&A　道路協力団体制度

参考　関連する国会答弁抜粋
　　　　（平成28年3月15日、衆議院国土交通委員会）

　今回この法改正の中には、踏切の改良促進に加えまして、踏切周辺あるいは駅周辺の環境改善を図るという観点で、道路協力団体というものを指定させていただいて、私たちと一緒に道路管理を一層充実させていくことをこの中で位置づけさせていただいているところでございます。
　特に、道路の清掃といった身近な課題、こういった課題を解消していく、あるいはまた、道路利用者がお抱えでありますさまざまなバリアフリー等々に対する課題といったような問題につきましても、これは私たち道路管理者だけでは処理し切れないものもございます。こういった視点で、道路協力団体という、今まで道路の清掃あるいは除草といったようなことに関しましてボランティアで活動してきていただいている方々に、私たちへの御支援も含めて一層道路管理の充実を図っていきたいという趣旨でございます。
　今委員御指摘のような、自治体としても非常に予算が厳しい環境の中で道路環境をよくしていくために、この道路協力団体の皆様方の御支援もいただきながら、特にまたこの駅、踏切周辺の環境の改善にしっかり努めてまいりたいと考えている次第でございます。

〈創設の趣旨〉

Q2 道路協力団体制度を創設する趣旨は何か。

A

○ 沿道における身近な課題の解消や道路利用者ニーズへのきめ細やかな対応のためには、行政の取組に加え、地域の自発的な取組が重要である。

○ そうした観点から、従前、直轄国道の管理に当たっては、ボランティア・サポート・プログラム（参考）の制度により民間団体等の協力を得てきた。

○ しかしながら、道路の清掃や、陥没等の異常発見などのメンテナンスに関してよりきめ細やかに対応していくためには、民間団体等の活動と一層連携する必要がある。

○ このため、このような取組を全国的に広げるとともに、道路の清掃等の分野において活動する民間団体等によるスムーズな活動環境を整えるため、道路協力団体制度を創設するものである。

参考　ボランティア・サポート・プログラムの概要

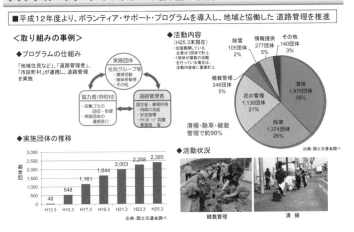

第4章　Q&A　道路協力団体制度

参考 関連する国会答弁抜粋
　　　（平成28年3月31日、参議院国土交通委員会）

　ボランティア・サポート・プログラムでございますが、これは、今までも、委員御指摘のように、民間団体の方々に道路の清掃あるいは除草といったようなものを御協力いただいている団体でございます。今回、道路協力団体制度というものがまた別途できることではございますが、ボランティア活動としてこのボランティア・サポート・プログラムの方々に引き続き活動していただくことは当然可能だというふうに私どもの方は認識をしているところでございます。
　また、それに加えて、協力団体として活動していただいて、一層道路利用者へのニーズのきめ細かな対応といったような活動にも参加していただくことも可能ということでございまして、今までどおり、あるいはまたそれを一層高める活動も可能というふうに御理解いただければいいと思います。

〈団体の指定要件〉

Q3 道路協力団体の指定要件は何か。建設会社等の民間企業も対象となるのか。

A

○ 道路協力団体は、法人その他これに準ずる団体を対象として指定することとしており、「法人」には、非営利団体のほか、企業等の営利法人も含み、「団体」は、法人格を有しないボランティア団体等が想定されている。

○ 道路協力団体の指定に当たっては、申請に基づき提案された業務内容等を適切に審査のうえ対応することとなり、民間企業、建設会社も対象となり得る。

参考 関連する国会答弁抜粋
　　　（平成28年3月15日、衆議院国土交通委員会）

> この当該団体でありますけれども、団体からの申請に基づいて指定をいたしますが、道路管理者と連携をして、活動実績やあるいは提案された活動内容等を踏まえて個別に判断をいたしますので、御指摘のありました企業とか町内会とか宗教団体、政治団体も理論上は可能でございます。

〈反社会的勢力の排除〉

> **Q4** 道路協力団体の指定に当たっては、暴力団等の反社会的勢力をどのように排除するのか。

A

○ 道路協力団体の指定に当たっては、道路管理者が暴力団又はそれらの利益となる活動を行う者でないことの確認を行うことはもとより、公序良俗に反するなど著しく不誠実な行為を行っていない者を指定すべきである。

○ また、道路協力団体が業務を適正かつ確実に実施せず、道路管理者の命令に違反したときは、道路管理者が指定を取り消すことができる仕組みとなっている。

〈団体指定のメリット〉

Q5 道路協力団体に指定されることのメリットは何か。

A

○ 道路管理に協力する民間団体がその活動を行うに当たっては、花壇の整備やオープンカフェの設置のために占用許可等が必要となる。

○ 今回の改正により、道路協力団体に指定されると、道路管理者との協議が整えば、別途占用許可等を得る必要がなくなる。

○ この結果、手続が簡素化されるとともに、「無余地性の基準」等の適用除外（P.33）により、より柔軟に物件の設置等ができることとなる。

参考 関連する国会答弁抜粋
（平成28年3月31日、参議院国土交通委員会）

> まず、この道路協力団体制度でありますけれども、これは道路管理者と連携をして道路の管理に資する活動を行うものというのがこの制度そのものでございます。
> この指定に当たってでありますけれども、道路管理者と連携して行った道路に関する活動実績あるいは提案された活動内容等をあらかじめ確認した上でこの指定を受けることになるわけであります。
> したがいまして、この占有でありますけれども、まずこの道路協力団体というものに指定をされますと、幾つかの前提条件をクリアされるわけでありまして、まず道路の管理に資する活動を担っている団体、実績がある団体であるということと、それと、指定段階におきまして様々な今後の活動計画についても既に管理者と確認をし合えているという、そういう前提条件がありますので、だから道路協力団体には円滑で柔軟な手続をもって占用許可を与えようということであります。

第4章　Q&A　道路協力団体制度

〈協議の方法〉

> **Q6** 道路管理者は、道路法第24条の工事の承認及び道路法第32条の占用の許可に代わって行われる協議では、どのようにして協議を成立させることとなるのか。

A
○　道路協力団体がその活動に必要なものとして行う道路法第24条の工事の承認、道路法第32条の占用の許可に代わる協議については、通常の占用許可の要件となっている無余地性の原則などを適用しないことによる審査の省力化が図られるほか、道路協力団体の意向も踏まえ、現場の状況に応じた柔軟な方法により協議を行うことができるようになるため、占用許可等と比して簡素な手続により協議を成立させることになる。
○　ただし、収益を伴うオープンカフェ等の占用については、道路管理者が、その収益等を清掃等の業務に充てるかなどを見極めて、特例を与えることとなる。

〈団体の業務内容（1）〉

Q7　道路協力団体の業務内容は何か。

A

○　道路協力団体の業務内容については、道路法第48条の21に規定しているところであり、具体的には以下のようなものが想定されている。
 (1) 道路工事又は道路の維持
 　　　道路の清掃や植樹、除雪作業等
 (2) 安全かつ円滑な道路の交通の確保又は道路の通行者もしくは利用者の利便の増進に資する工作物等の設置に関する業務
 　　　自転車駐車場やオープンカフェ等の設置等
 (3) 道路の管理に関する情報又は資料を収集、提供
 　　　不法占用物件に関する情報収集・提供等
 (4) 道路の管理に関する調査研究
 　　　道の駅等における利用者ニーズの調査等
 (5) 道路の管理に関する知識の普及及び啓発
 　　　交通安全に係る講習等

第4章　Q&A　道路協力団体制度

〈団体の業務内容（2）〉

Q8　道路協力団体は道路法第48条の21各号に掲げられている業務の全てを行わなければならないのか。

A
○　道路協力団体は、道路法第48条の21に規定する業務の全部又は一部を実施すればよく、各団体からの団体指定申請に当たり、実施する業務の内容を明示いただくことを想定している。したがって、一部の業務のみを行っている団体等も対象となり得る。

〈団体が行う「道路に関する工事」〉

Q9　道路協力団体が行う「道路に関する工事」とは何か。

A

○　道路協力団体の業務の一部として、「道路管理者に協力して、道路に関する工事又は道路の維持を行うこと」と規定し、清掃その他の維持のほか、簡易な工事を実施することが想定されている。

○　具体的には、植栽や歩道段差解消のためのステップの設置、商店街での身体障害者誘導シールの貼り付けなどが想定されている。

参考　関連する国会答弁抜粋
　　　（平成28年3月15日、衆議院国土交通委員会）

○　今想定しております工事でありますけれども、これはあくまで簡易なものでございまして、例えば、歩道の段差の解消のためのステップの設置とか、あるいは商店街での視覚障害者の誘導シール等の張りつけ等でございますので、余りそういう大がかりなバリアフリー工事というものではないということで御理解いただければと思います。

○　まさにケース・バイ・ケースではございますけれども、道路協力団体の方々の申し出を受けて、また地域の実情を踏まえながら、そこは一個一個判断をしていくということになると思います。
　ただ、もともと、軽易な工事ということが前提でございますので、そういうステップを置くだけで済む場合も当然あると思いますし、また、その上に少しアスファルトなりをとんとんと突き固めて歩きやすくしてあげるというような作業も一部含まれてくる可能性は当然あるというふうに御理解いただければと思います。

第4章　Q&A　道路協力団体制度

参考 関連する国会答弁抜粋
　　　（平成28年3月31日、参議院国土交通委員会）

　今回の改正案では、道路協力団体の業務の一部といたしまして、道路管理者に協力をして、道路に関する工事又は道路の維持を行うことと規定しておりまして、清掃その他の維持のほかに簡易な工事の実施というのを想定しております。具体的には、従来より行ってきているものとして、例えば植栽升の整備あるいは歩道段差解消のためのステップの設置、例えば商店街での身障者の誘導シールの貼付けといった極めて軽微なものを想定しているところでございます。

〈団体が「工事」を行う理由〉

> **Q10** 「道路に関する工事」は道路管理者が行うべきものではないか。なぜ道路協力団体に行わせるのか。

A

○ 身近な課題の解消や道路利用者ニーズへのきめ細やかな対応を行うため、道路管理者の取組に加え、地域の自発的な取組が重要であり、簡易な工事を含め、道路管理者が民間団体と連携することにより、道路管理を一層充実させていくことが有効である。

○ なお、道路協力団体の業務として想定している植栽等の簡易な工事については、従前より道路法第24条に基づく承認を受けて、道路管理者以外の者により行われてきたものである。

〈営利目的の活動〉

> **Q11** 道路協力団体は、営利を目的とする活動を行うことができるのか。

A

○ 道路協力団体は、道路利用者等の利便の増進のため、オープンカフェやシェアサイクル等の活動を行えるよう制度設計されており、これらを通じて利益を得ることも想定されている。

○ これらの活動により得られた営利が、地域の道路の清掃や植樹等に還元されることにより、地域の賑わい創出と併せて、道路空間の価値向上につなげていくことを想定している。

〈公的活動への収益活用〉

> **Q12** 道路協力団体の収益活動による営利を、公的活動に充てることをどのように担保するのか。

A

○ 道路協力団体は、業務内容から利益を得ることが可能な制度であり、その利益が道路管理に還元されることを基本とする仕組みである。

○ このため、直轄国道の団体指定に当たっては、申請された業務内容を検証し、収益を活用して公的活動を行うかどうかを確認することとされている。

○ また、活動中においても、業務状況に対する報告を求めることを可能としており、公的活動等に対する取組状況を確認、検証することとなる。

参考 関連する国会答弁抜粋
（平成28年3月31日、参議院国土交通委員会）

> 道路協力団体は業務内容から利益を得ることが可能な制度でありますが、その利益については道路の管理に還元いただくことを基本とする仕組みであります。
> このため、道路協力団体の指定に当たっては、道路管理者と連携して行った道路に関する活動実績や提案された活動内容とともに、活動によって得られた収益の使途についても確認することとしております。また、活動中においても業務状況に対する報告を求めることを可能としており、公的活動等に対する取組状況を確認、検証した上で、必要に応じて適切に指導してまいります。

〈収益活動のみを行う団体への対応〉

> **Q13** 道路協力団体が除草・植栽活動などの道路管理活動を行わずに、収益活動のみを行うおそれはないのか。また、道路管理者は、収益活動のみを行う道路協力団体に対してはどのように対応すればよいのか。

A

○ 道路協力団体の制度趣旨を踏まえれば、道路の管理の充実を図ることが重要である。

○ このため、団体の指定段階において、オープンカフェ等の収益活動を行う団体が清掃等の公的活動を行う予定がない場合は、道路管理者において手続の簡素化等の特例を適用しないなど必要な措置を講じることとなる。

○ また、道路管理者は、団体が申請時に実施することとした公的活動を行わないなど、業務の適正かつ確実な実施を確保するため必要と認めるときは、報告を求めるとともに業務の改善を命ずることが可能である。

○ さらに、道路管理者の命令に違反したときは、指定を取り消すことが可能となっている。

参考 関連する国会答弁抜粋
（平成28年3月31日、参議院国土交通委員会）

> この道路協力団体制度自身は、沿道における身近な課題の解消あるいは道路利用者ニーズへのきめ細やかな対応をするために、私たち道路管理者と連携をして地区の自発的な取組を一層促していただく、あるいは発揮していただくということを期待する制度でございます。

〈収益活動のみを行う団体への対応〉

　そのためでございますが、当然、道路協力団体の制度趣旨を、こういった趣旨を踏まえれば、この協力団体の指定に当たりましては、道路管理者と連携をして行った道路に関する活動実績あるいは提案された活動内容というのをあらかじめ私どもとしても確認をさせていただきたいというふうに思っている次第でございます。
　よって、オープンカフェといったような、例えば収益活動しかやらないというような方々に関しては、私たちとしては団体を、これを指定するというつもりはございません。

第4章　Q＆A　道路協力団体制度

〈管理活動費用以上の収益〉

> **Q14**　収益活動で道路の管理活動費用以上に収益を獲得した場合、その収益は団体の収益になるのか。逆に、収益活動で道路の管理活動費用を賄えなかった場合、また、収益活動を行わない場合はどうなるのか。その場合、道路管理が十分に行われないおそれはないか。

A

○　ご指摘のケースにおいては、団体の収益や損失となり得るが、一方で道路の管理の更なる充実に向け、活動内容を見直すことも可能であり、各道路管理者において団体との協議調整を適切に実施するべきである。

○　なお、本来、道路を管理する上で最低限の維持作業等は、道路管理者が担っており、道路協力団体の活動の影響を受けるものではないため、道路管理が不十分になることはない。

〈既存制度との違い〉

> **Q15** オープンカフェ等の占用については、既に行われているものもあるが、既存制度によっても行えるのではないか。何が変わるのか。

A

○　オープンカフェ等の設置については、道路法等に基づく占用許可等を得ることにより、現状においても設置は可能である。

○　今回の法制化により、通常の占用許可の要件となっている無余地性の原則などが適用されないことにより、設置可能な範囲が拡大されるとともに、従前許可を要した占用が協議で足りることとなり、手続の簡素化が図られることとなる。

参考 関連する国会答弁抜粋
　　　（平成28年3月31日、参議院国土交通委員会）

　道路の清掃、こういった身近な課題の解消、あるいは道路利用者ニーズのきめ細やかな対応ということに当たりまして、行政の取組に加えて地域の自発的な取組が重要であるというふうに認識しております。
　このため、今回、道路協力団体制度を法律の中に組み込ませていただいて、駅周辺の商店街などの民間団体の方々、あるいは道路管理者との連携強化によります道路管理の一層の充実を目指していきたいというふうに考えている次第でございます。
　今回の改正によりまして、例えば、今御指摘のありましたオープンカフェあるいはレンタサイクルの施設の設置につきまして、従前でありますと占用許可ということを行っておるわけでございますが、それを道路管理者との協議という形で行うということが可能としているところでございます。
　具体的にはどういうことかと申しますと、実際、通常の占用許可の

要件になっておりますけれども、どうしてもその場所の占用をしなければならないのだという無余地性の原則という、そういう仕組みがございます。どうしてもそこを占用しなければならないのだという説明をしないといけないわけでございますが、そういった審査の省力化、あるいは道路協力団体の意向を踏まえた、現場の状況に応じた柔軟な方法によります協議といったようなものもできるようになってまいると思います。こういう中で、手続の負担が大幅に軽減されるのではないかと期待されているところでございます。

〈道路交通法による使用許可〉

> **Q16** 道路協力団体がオープンカフェ等を実施するに当たり、道路交通法による道路使用許可を要するのか。

A

○　道路協力団体が、オープンカフェ等の活動を行う場合、道路法に基づく手続の他、道路交通法に基づく道路使用許可も必要となる。

○　一方、道路協力団体の業務については、道路管理者に協力して行うものであることから、道路管理者としても、都道府県公安委員会とも連携し、手続が円滑に行われるよう努めることが望ましい。

〈特例措置の活用状況〉

> **Q17** 現在、都市再生整備計画の区域内で、オープンカフェ等の占用許可基準が緩和されているが、どの程度活用されているのか。

A

○　現在、都市再生整備計画の区域内や国家戦略特区等において、オープンカフェ等の占用許可基準が緩和されているところである。

○　これら区域内等では、これまでに延べ30箇所でオープンカフェ等の設置を確認している。
　※自治体抽出率27％のアンケート調査結果より

○　一方、オープンカフェ等については、これら法制度の特例を用いることなく、占用許可等を得て設置した事例も64箇所で確認している。
　※同アンケート結果より

〈道路法第28条の2の協議会〉

Q18 道路法第28条の2の協議会とはどのように連携すべきか。

A

○　道路協力団体の活動に当たっては、(義務ではないが) 地域の課題の解消に向け、関係道路管理者が設置する協議会も活用し、関係道路管理者が他の道路協力団体と連携調整して対策に取り組むことが効果的である。

○　また、道路協力団体が行った業務の成果等について、協議会の場を活用して検証していくなどの連携の方法が考えられる。

参考

○道路法（昭和27年法律第180号）（抄）
（協議会）
第28条の2　交通上密接な関連を有する道路（以下この項において「密接関連道路」という。）の管理を行う二以上の道路管理者は、密接関連道路の管理を効果的に行うために必要な協議を行うための協議会（以下この条において「協議会」という。）を組織することができる。
2　協議会は、必要があると認めるときは、次に掲げる者をその構成員として加えることができる。
　一　関係地方公共団体
　二　道路の構造の保全又は安全かつ円滑な交通の確保に資する措置を講ずることができる者
　三　その他協議会が必要と認める者
3　協議会において協議が調つた事項については、協議会の構成員は、その協議の結果を尊重しなければならない。
4　前三項に定めるもののほか、協議会の運営に関し必要な事項は、協議会が定める。

第4章　Q&A　道路協力団体制度

〈ボランティア活動との関係〉

> **Q19**　ボランティア・サポート・プログラムの実施団体の多くがボランティア団体である一方で、公的活動を担う道路協力団体は継続的な活動や組織、運営が求められ、ボランティア活動とは性格が異なると思われるが、見解はどうか。

A
○　現在ボランティア団体にご協力いただいている清掃や植栽等の取組にも、継続的・組織的に実施されているものが見られ、こうした団体が、道路協力団体として活動することが期待されている。

〈団体の活動エリア〉

> **Q20** 道路協力団体の活動エリアについては、範囲の制限などはあるのか。

A
○ 道路協力団体の活動エリアについては、各道路管理者により個別に判断されることになるが、団体の申請に基づき、団体の活動地域の課題や団体の規模等に応じて、指定を行う道路管理者により適切に判断されることとなる。

第4章　Q＆A　道路協力団体制度

〈団体に対する監督等〉

Q21 道路協力団体に対する監督の考え方はどのようなものか。国土交通大臣又は道路管理者による道路協力団体への情報提供、指導及び助言はどのような内容となるのか。

A

○　道路管理者は、道路協力団体の指定後、申請された業務の適正かつ確実な実施を確保するため必要があると認められるときは、道路法第48条の22第1項の規定に基づき、道路協力団体に対し、その業務に関し報告させることができる。

○　また、業務を適正かつ確実に実施していないと認めるときは、道路協力団体に対し、その業務の運営の改善に関し必要な措置を講ずべきことを命ずることができ、命令に違反したときは、その指定を取り消すことができる。

○　道路協力団体への情報提供、指導及び助言については、他の道路協力団体の活動状況等に関する情報提供や業務実施上必要と考えられる助言等が想定されている。

第5章

関係法令・通達集

1．法律・政令・省令

(1) 道路法（抄）

〔昭和27年 6月10日
法　律　第 180 号〕

最近改正　平成28年 3月31日法律第19号

（道路管理者以外の者の行う工事）
第24条　道路管理者以外の者は、第12条、第13条第 3項、第17条第 4項若しくは第 6項又は第19条から第22条の 2までの規定による場合のほか、道路に関する工事の設計及び実施計画について道路管理者の承認を受けて道路に関する工事又は道路の維持を行うことができる。ただし、道路の維持で政令で定める軽易なものについては、道路管理者の承認を受けることを要しない。

（道路の占用の許可）
第32条　道路に次の各号のいずれかに掲げる工作物、物件又は施設を設け、継続して道路を使用しようとする場合においては、道路管理者の許可を受けなければならない。
　一　電柱、電線、変圧塔、郵便差出箱、公衆電話所、広告塔その他これらに類する工作物
　二　水管、下水道管、ガス管その他これらに類する物件
　三　鉄道、軌道その他これらに類する施設
　四　歩廊、雪よけその他これらに類する施設
　五　地下街、地下室、通路、浄化槽その他これらに類する施設
　六　露店、商品置場その他これらに類する施設
　七　前各号に掲げるものを除く外、道路の構造又は交通に支障を及ぼす虞のある工作物、物件又は施設で政令で定めるもの
２　前項の許可を受けようとする者は、左の各号に掲げる事項を記載した申請書を道路管理者に提出しなければならない。
　一　道路の占用（道路に前項各号の一に掲げる工作物、物件又は施設を設け、継続して道路を使用することをいう。以下同じ。）の目的
　二　道路の占用の期間
　三　道路の占用の場所
　四　工作物、物件又は施設の構造
　五　工事実施の方法
　六　工事の時期
　七　道路の復旧方法
３　第 1項の規定による許可を受けた者（以下「道路占用者」という。）は、前

項各号に掲げる事項を変更しようとする場合においては、その変更が道路の構造又は交通に支障を及ぼす虞のないと認められる軽易なもので政令で定めるものである場合を除く外、あらかじめ道路管理者の許可を受けなければならない。
4　第1項又は前項の規定による許可に係る行為が道路交通法第77条第1項の規定の適用を受けるものである場合においては、第2項の規定による申請書の提出は、当該地域を管轄する警察署長を経由して行なうことができる。この場合において、当該警察署長は、すみやかに当該申請書を道路管理者に送付しなければならない。
5　道路管理者は、第1項又は第3項の規定による許可を与えようとする場合において、当該許可に係る行為が道路交通法第77条第1項の規定の適用を受けるものであるときは、あらかじめ当該地域を管轄する警察署長に協議しなければならない。

（道路の占用の許可基準）

第33条　道路管理者は、道路の占用が前条第1項各号のいずれかに該当するものであつて道路の敷地外に余地がないためにやむを得ないものであり、かつ、同条第2項第2号から第7号までに掲げる事項について政令で定める基準に適合する場合に限り、同条第1項又は第3項の許可を与えることができる。
2　次に掲げる工作物又は施設で前項の規定に基づく政令で定める基準に適合するもののための道路の占用については、同項の規定にかかわらず、前条第1項又は第3項の許可を与えることができる。
　一　前条第1項第5号から第7号までに掲げる工作物、物件又は施設のうち、高架の道路の路面下に設けられる工作物又は施設で、当該高架の道路の路面下の区域をその合理的な利用の観点から継続して使用するにふさわしいと認められるもの
　二　前条第1項第5号から第7号までに掲げる工作物、物件又は施設のうち、高速自動車国道又は第48条の4に規定する自動車専用道路の連結路附属地（これらの道路のうち、これらの道路と当該道路以外の交通の用に供する通路その他の施設とを連結する部分で国土交通省令で定める交通の用に供するものに附属する道路の区域内の土地をいう。以下この号において同じ。）に設けられるこれらの道路の通行者の利便の増進に資する施設で、当該連結路附属地をその合理的な利用の観点から継続して使用するにふさわしいと認められるもの
　三　前条第1項第1号、第4号又は第7号に掲げる工作物、物件又は施設のうち、並木、街灯その他道路（高速自動車国道及び第48条の4に規定する自動車専用道路を除く。以下この号において同じ。）の管理上当該道路の区域内に設けることが必要なものとして政令で定める工作物又は施設で、道路交通環境の向上を図る活動を行うことを目的とする特定非営利活動促進法（平成10年法律第7号）第2条第2項に規定する特定非営利活動法人その他の営利

を目的としない法人又はこれに準ずるものとして国土交通省令で定める者が
設けるもの
  (国の行う道路の占用の特例)
第35条 国の行う事業のための道路の占用については、第32条第1項及び第3項
の規定にかかわらず、国が道路管理者に協議し、その同意を得れば足りる。こ
の場合において、同条第2項各号に掲げる事項及び第39条に規定する占用料に
関する事項については、政令でその基準を定めることができる。
  (道路協力団体の指定)
第48条の20 道路管理者は、次条に規定する業務を適正かつ確実に行うことがで
きると認められる法人その他これに準ずるものとして国土交通省令で定める団
体を、その申請により、道路協力団体として指定することができる。
2 道路管理者は、前項の規定による指定をしたときは、当該道路協力団体の名
称、住所及び事務所の所在地を公示しなければならない。
3 道路協力団体は、その名称、住所又は事務所の所在地を変更しようとすると
きは、あらかじめ、その旨を道路管理者に届け出なければならない。
4 道路管理者は、前項の規定による届出があつたときは、当該届出に係る事項
を公示しなければならない。
  (道路協力団体の業務)
第48条の21 道路協力団体は、当該道路協力団体を指定した道路管理者が管理す
る道路について、次に掲げる業務を行うものとする。
  一 道路管理者に協力して、道路に関する工事又は道路の維持を行うこと。
  二 前号に掲げるもののほか、安全かつ円滑な道路の交通の確保又は道路の通
    行者若しくは利用者の利便の増進に資する工作物、物件又は施設であつて国
    土交通省令で定めるものの設置又は管理を行うこと。
  三 道路の管理に関する情報又は資料を収集し、及び提供すること。
  四 道路の管理に関する調査研究を行うこと。
  五 道路の管理に関する知識の普及及び啓発を行うこと。
  六 前各号に掲げる業務に附帯する業務を行うこと。
  (監督等)
第48条の22 道路管理者は、前条各号に掲げる業務の適正かつ確実な実施を確保
するため必要があると認めるときは、道路協力団体に対し、その業務に関し報
告をさせることができる。
2 道路管理者は、道路協力団体が前条各号に掲げる業務を適正かつ確実に実施
していないと認めるときは、道路協力団体に対し、その業務の運営の改善に関
し必要な措置を講ずべきことを命ずることができる。
3 道路管理者は、道路協力団体が前項の規定による命令に違反したときは、そ
の指定を取り消すことができる。
4 道路管理者は、前項の規定により指定を取り消したときは、その旨を公示し

なければならない。
(情報の提供等)
第48条の23 国土交通大臣又は道路管理者は、道路協力団体に対し、その業務の実施に関し必要な情報の提供又は指導若しくは助言をするものとする。
(道路協力団体に対する道路管理者の承認等の特例)
第48条の24 道路協力団体が第48条の21各号に掲げる業務として行う国土交通省令で定める行為についての第24条本文並びに第32条第1項及び第3項の規定の適用については、道路協力団体と道路管理者との協議が成立することをもつて、これらの規定による承認又は許可があつたものとみなす。
(踏切道の改良への協力)
第48条の25 道路協力団体は、踏切道改良促進法(昭和36年法律第195号)第4条第6項(同条第13項において準用する場合を含む。)に規定する同意をした同条第1項に規定する地方踏切道改良計画又は同法第5条第3項(同条第6項において準用する場合を含む。)において準用する同法第4条第6項に規定する同意をした同法第5条第1項に規定する国踏切道改良計画(以下この条において「同意地方踏切道改良計画等」という。)に道路協力団体の協力が必要な事項が記載されたときは、当該同意地方踏切道改良計画等に基づき鉄道事業者及び道路管理者が実施する踏切道(同法第2条に規定する踏切道をいう。)の改良に協力するものとする。

(2) 道路法施行令（抄）

〔昭和27年12月4日
政　令　第479号〕

最近改正　平成28年9月28日政令第312号

（都道府県又は指定市による指定区間内の国道の管理）

第1条の2　法第13条第2項の規定により都道府県又は指定市が行うこととすることができる指定区間内の国道の管理は、次に掲げる管理（第1号から第4号まで及び第6号から第12号までに掲げる管理については、国土交通大臣が新設、改築、修繕又は災害復旧に関する工事を行つている区間に係るものを除く。）とする。

　　一〜十　（略）

　　十一　法第48条の24の規定により道路協力団体と協議（当該協議が成立することをもつて、法第32条第1項又は第3項の規定による許可があつたものとみなされるものに限る。）をすること。

　　十二・十三　（略）

2　都道府県又は指定市は、前項第1号から第3号まで、第6号（法第39条の2第1項の規定による入札占用指針の策定に係る部分に限る。）及び第10号から第12号までに掲げる権限（道路の構造又は交通に及ぼす支障が少ないと認められる道路の占用で国土交通省令で定めるものに係るものを除く。）を行つたときは、遅滞なく、その旨を国土交通大臣に報告しなければならない。

（国土交通大臣が権限を行う場合の意見の聴取等）

第1条の3　（略）

2　国土交通大臣は、都道府県又は指定市が前条第1項に規定する管理を行つている道路の区間（国土交通大臣が新設、改築、修繕又は災害復旧に関する工事を行つている区間に限る。）について次に掲げる権限を行つたときは、遅滞なく、その旨を関係都道府県又は指定市に通知しなければならない。

　　一・二　（略）

　　三　法第48条の24の規定により道路協力団体と協議（当該協議が成立することをもつて、法第32条第1項又は第3項の規定による許可があつたものとみなされるものに限る。）をすること。

　　四　（略）

（管理の特例の場合の読替規定）

第1条の7　（略）

2　（略）

3　法第17条第4項の場合における同条第7項の規定による法の規定の適用についての技術的読替えは、次の表のとおりとする。

第5章 関係法令・通達集

読み替える規定	読み替えられる字句	読み替える字句
（略）	（略）	（略）
第21条、第22条第1項、第22条の2、第23条第1項、第24条、第24条の2第1項及び第3項、第24条の3、第28条の2第1項、第32条、第33条第1項、第34条から第36条まで、第38条、第39条第1項、第39条の2第1項、第39条の3第1項、第39条の4、第39条の5第1項、第39条の6第1項から第3項まで、第39条の7第2項及び第4項、第40条第2項、第41条、第42条第1項、第44条の2第1項から第5項まで及び第8項、第45条第1項、第46条第1項及び第2項、第47条の7、第47条の8第1項、第48条の17第1項、第48条の20第1項及び第3項、第48条の21、第48条の22第1項から第3項まで、第48条の23から第48条の25まで、第56条、第57条、第58条第1項、第59条第3項、第60条、第61条第1項、第62条、第66条第1項、第67条の2から第69まで、第70条第1項、第3項及び第4項、第71条第1項から	道路管理者	道路管理者等

第5項まで、第72条第1項及び第3項、第73条第2項及び第3項、第86条第2項、第87条第1項、第91条第1項から第3項まで、第92条第4項、第93条、第95条の2第1項及び第2項前段、第96条第5項		
（略）	（略）	（略）

4　法第17条第6項の場合における同条第7項の規定による法の規定の適用についての技術的読替えは、次の表のとおりとする。

読み替える規定	読み替えられる字句	読み替える字句
（略）	（略）	（略）
第21条、第22条第1項、第23条第1項、第24条、第32条、第33条第1項、第34条から第36条まで、第38条、第39条の3第1項、第39条の4第1項及び第3項から第5項まで、第39条の5第1項、第39条の6第1項及び第3項、第39条の7第2項及び第4項、第40条第2項、第41条、第43条の2、第44条の2第1項から第5項まで及び第8項、第45条第1項、第46条第1項及び第2項、第47条第3項、第47条の2第1項及び第5項、第47条の4、第47	道路管理者	道路管理者等

条の5第2項、第47条の7、第47条の8第1項、第48条の17第1項、第48条の24、第57条、第66条第1項、第67条の2から第69条まで、第70条第1項、第3項及び第4項、第71条第1項から第5項まで、第72条第1項及び第3項、第72条の2第1項、第92条第4項、第93条、第95条の2、第96条第5項前段		
（略）	（略）	（略）

（道路管理者の権限の代行）
第4条 法第27条第1項の規定により国土交通大臣が道路管理者に代わつて行う権限は、次に掲げるものとする。
　一～二十三　（略）
　二十四　法第48条の24の規定により道路協力団体と協議（当該協議が成立することをもつて、法第24条本文の規定による承認（道路に関する工事の施行に係るものに限る。）又は法第32条第1項若しくは第3項の規定による許可があつたものとみなされるものに限る。）をすること。
　二十五～三十八　（略）
2　（略）
第4条の2　法第27条第2項の規定により指定市以外の市町村が道路管理者に代わつて行う権限は、次に掲げるもののうち、指定市以外の市町村が道路管理者と協議して定めるものとする。この場合において、当該指定市以外の市町村は、成立した協議の内容を公示しなければならない。
　一　前条第1項第1号、第3号から第10号まで、第11号（法第39条の2第1項（法第91条第2項において準用する場合を含む。）の規定による入札占用指針の策定に係る部分に限る。）、第12号から第15号まで、第17号、第22号から第24号まで、第26号から第30号まで、第33号及び第34号に掲げる権限
　二～九　（略）
　十　法第48条の20第1項の規定により道路協力団体を指定し、及び同条第3項の規定による届出を受理すること。

十一　法第48条の22第1項の規定により報告をさせ、同条第2項の規定により必要な措置を講ずべきことを命じ、及び同条第3項の規定により指定を取り消すこと。

十二　法第48条の23の規定により情報の提供又は指導若しくは助言をすること。

十三　法第48条の24の規定により道路協力団体と協議（当該協議が成立することをもつて、法第24条本文の規定による承認（道路の維持の施行に係るものに限る。）があつたものとみなされるものに限る。）をすること。

十四～二十七　（略）

2　（略）

第4条の3　法第27条第3項の規定により国土交通大臣が道路管理者に代わつて行う権限は、第4条第1項第1号及び第3号から第38号までに掲げるもののうち、国土交通大臣が道路管理者と協議して定めるものとする。この場合において、国土交通大臣は、成立した協議の内容を告示しなければならない。

2　（略）

（国土交通大臣等が道路管理者の権限を代行する場合における意見の聴取等）

第6条　（略）

2　指定市以外の市町村は、法第27条第2項の規定により道路管理者に代わつて法第22条の2、第47条の8第1項若しくは第48条の17第1項の規定による協定を締結し、法第28条の2第1項の規定による協議会を組織し、又は法第48条の20第1項の規定による指定若しくは法第48条の22第3項の規定による指定の取消しをしようとするときは、あらかじめ、道路管理者の意見を聴かなければならない。

3　国土交通大臣は、法第27条第1項又は第3項の規定により道路管理者に代わつて次に掲げる権限を行つた場合においては、遅滞なく、その旨を道路管理者に通知しなければならない。

一～五　（略）

六　法第48条の24の規定により道路協力団体と協議（当該協議が成立することをもつて、法第32条第1項又は第3項の規定による許可があつたものとみなされるものに限る。）をすること。

七　（略）

4　指定市以外の市町村は、法第27条第2項の規定により道路管理者に代わつて次に掲げる権限を行つた場合においては、遅滞なく、その旨を道路管理者に通知しなければならない。

一　第4条第1項第1号、第7号及び第15号、第4条の2第1項第3号、第6号、第8号、第9号、第10号（法第48条の20第1項の規定による指定に係る部分に限る。）、第11号（法第48条の22第3項の規定による指定の取消しに係る部分に限る。）、第18号、第20号から第23号まで及び第27号並びに前項第2号か

ら第7号までに掲げる権限
　二～四　（略）
5・6　（略）
(指定区間内の国道に係る占用料の額)
第19条　指定区間内の国道に係る占用料の額は、別表占用料の欄に定める金額（第7条第8号に掲げる施設のうち特定連結路附属地に設けるもの及び同条第13号に掲げる施設にあつては、同表占用料の欄に定める額及び道路の交通量等から見込まれる当該施設において行われる営業により通常得られる売上収入額に応じて国土交通省令で定めるところにより算定した額を勘案して占用面積1平方メートルにつき1年当たりの妥当な占用の対価として算定した額。以下この項及び次項において同じ。）に、法第32条第1項若しくは第3項の規定により許可をし、法第35条の規定により同意をし、又は法第48条の24の規定により協議が成立した占用の期間（電線共同溝に係る占用料にあつては、電線共同溝整備法第10条、第11条第1項若しくは第12条第1項の規定により許可をし、又は電線共同溝整備法第21条の規定により協議が成立した占用することができる期間（当該許可又は当該協議に係る電線共同溝への電線の敷設工事を開始した日が当該許可をし、又は当該協議が成立した日と異なる場合には、当該敷設工事を開始した日から当該占用することができる期間の末日までの期間）。以下この項、次項、次条第1項及び別表の備考第9号において同じ。）に相当する期間を同表占用料の単位の欄に定める期間で除して得た数を乗じて得た額（その額が100円に満たない場合にあつては、100円）とする。ただし、当該占用の期間が翌年度以降にわたる場合においては、同表占用料の欄に定める金額に、各年度における占用の期間に相当する期間を同表占用料の単位の欄に定める期間で除して得た数を乗じて得た額（その額が100円に満たない場合にあつては、100円）の合計額とする。

2～4　（略）
(指定区間内の国道に係る占用料の徴収方法)
第19条の2　指定区間内の国道に係る占用料は、法第32条第1項若しくは第3項の規定により許可をし、法第35条の規定により同意をし、又は法第48条の24の規定により協議が成立した占用の期間に係る分を、当該占用の許可をし、同意をし、又は協議が成立した日（電線共同溝に係る占用料にあつては、電線共同溝整備法第10条、第11条第1項若しくは第12条第1項の規定により許可をし、又は電線共同溝整備法第21条の規定により協議が成立した日（当該許可又は当該協議に係る電線共同溝への電線の敷設工事を開始した日が当該許可をし、又は当該協議が成立した日と異なる場合には、当該敷設工事を開始した日））から1月以内に納入告知書（法第13条第2項の規定により都道府県又は指定市が占用料を徴収する事務を行つている場合にあつては、納入通知書）により一括して徴収するものとする。ただし、当該占用の期間が翌年度以降にわたる場合

においては、翌年度以降の占用料は、毎年度、当該年度分を4月30日までに徴収するものとする。

2・3　（略）

(指定区間内の国道に係る占用料の額の最低額)
第19条の3の2　法第39条の2第5項の政令で定める額については、第19条第1項本文及び第3項の規定を準用する。この場合において、同条第1項本文中「法第32条第1項若しくは第3項の規定により許可をし、法第35条の規定により同意をし、又は法第48条の24の規定により協議が成立した占用の期間（電線共同溝に係る占用料にあつては、電線共同溝整備法第10条、第11条第1項若しくは第12条第1項の規定により許可をし、又は電線共同溝整備法第21条の規定により協議が成立した占用することができる期間（当該許可又は当該協議に係る電線共同溝への電線の敷設工事を開始した日が当該許可をし、又は当該協議が成立した日と異なる場合には、当該敷設工事を開始した日から当該占用することができる期間の末日までの期間）。以下この項、次項、次条第1項及び別表の備考第9号において同じ。）に相当する期間」とあるのは「入札対象施設等の種類その他の事項を勘案して国土交通大臣が定める期間」と、同条第3項中「前2項の規定にかかわらず、前2項」とあるのは「第19条の3の2において準用する第1項の規定にかかわらず、同項」と、「占用料の額を定め、又は占用料を徴収しない」とあるのは「占用料の額の最低額の下限の額を定める」と、同項第6号中「前2項」とあるのは「第19条の3の2において準用する第1項」と、「の占用料を徴収する」とあるのは「を占用料の額の最低額の下限の額とする」と読み替えるものとする。

(国道新設等都道府県負担額等に関する規定の指定市が国道の管理を行う場合等についての準用)
第26条　第20条、第21条第1項、第22条並びに第23条第1項、第2項、第5項及び第6項の規定は、法第17条第1項の規定により指定市が国道の管理を行う場合又は同条第2項の規定により指定市以外の市が国道の管理を行う場合の費用の負担について準用する。この場合において、第20条、第21条第1項及び第23条第2項中「他の都道府県」とあるのは「都道府県」と、第20条及び第23条第1項中「当該国道の所在する都道府県」とあるのはそれぞれ「当該国道の所在する指定市」又は「指定市以外の市で当該国道の所在するもの」と、第21条第1項中「都道府県が法」とあるのはそれぞれ「指定市が法」又は「指定市以外の市が法」と、同項中「都道府県の」とあるのはそれぞれ「指定市の」又は「指定市以外の市の」と、第21条第1項並びに第23条第1項、第2項、第5項及び第6項中「国道新設等都道府県負担額」とあるのはそれぞれ「国道新設等指定市負担額」又は「国道新設等指定市以外の市負担額」と、第22条中「都道府県」とあるのはそれぞれ「指定市」又は「指定市以外の市」と、第23条第2項中「関係都道府県」とあるのはそれぞれ「関係指定市及び都道府県」又は「関係指定

第5章　関係法令・通達集

市以外の市及び都道府県」と、同条第5項中「、分担額、施設等改築負担基本額、施設等改築都道府県等負担額又は施設等修繕都道府県等負担額」とあるのは「又は分担額」と、同条第6項中「都道府県が」とあるのはそれぞれ「指定市が」又は「指定市以外の市が」と、「「国道新設等国庫負担額」」と、同項中「、分担額、施設等改築負担基本額、施設等改築都道府県等負担額又は施設等修繕都道府県等負担額」とあるのは「又は分担額」とあるのは「、「国道新設等国庫負担額」」と読み替えるものとする。

2　（略）

3　第20条及び第22条の規定は、法第17条第4項の規定により指定市以外の市町村が国道の新設又は改築を行う場合の費用の負担について準用する。この場合において、第20条中「他の都道府県」とあるのは「都道府県」と、「当該国道の所在する都道府県」とあるのは「指定市以外の市町村で当該国道の所在するもの」と、第22条中「都道府県」とあるのは「指定市以外の市町村」と読み替えるものとする。

4　（略）

1．法律・政令・省令

(3) 道路法施行規則（抄）

〔昭和27年8月1日
建設省令第 25 号〕

最近改正　平成28年9月28日国土交通省令第68号

（道路協力団体として指定することができる法人に準ずる団体）
第4条の18　法第48条の20第1項の国土交通省令で定める団体は、法人でない団体であつて、事務所の所在地、構成員の資格、代表者の選任方法、総会の運営、会計に関する事項その他当該団体の組織及び運営に関する事項を内容とする規約その他これに準ずるものを有しているものとする。

（道路協力団体の指定）
第4条の19　法第48条の20第1項の規定による指定は、法第48条の21各号に掲げる業務のうち道路協力団体が行うもの及び当該業務を行う道路の区間を明らかにしてするものとする。

（道路協力団体が業務として設置又は管理を行う工作物等）
第4条の20　法第48条の21第2号の国土交通省令で定める工作物、物件又は施設は、次に掲げるものとする。
　一　看板、標識、旗ざお、幕、アーチその他これらに類する物件又は歩廊、雪よけその他これらに類する施設で安全かつ円滑な道路の交通の確保に資するもの
　二　令第7条第9号の自動車駐車場及び自転車駐車場で道路の通行者又は利用者の利便の増進に資するもの
　三　令第7条第12号の車輪止め装置その他の器具で道路の通行者又は利用者の利便の増進に資するもの（前号に掲げる施設に設けるものを除く。）
　四　広告塔又は看板で良好な景観の形成又は風致の維持に寄与するもの
　五　標識又はベンチ若しくはその上屋、街灯その他これらに類する工作物で道路の通行者又は利用者の利便の増進に資するもの
　六　食事施設、購買施設その他これらに類する施設で道路の通行者又は利用者の利便の増進に資するもの
　七　次に掲げるもので、集会、展示会その他これらに類する催し（道路に関するものに限る。）のため設けられ、かつ、道路の通行者又は利用者の利便の増進に資するもの
　　イ　広告塔、ベンチ、街灯その他これらに類する工作物
　　ロ　露店、商品置場その他これらに類する施設
　　ハ　看板、標識、旗ざお、幕及びアーチ

（道路協力団体に対する道路管理者の承認等の特例の対象となる行為）
第4条の21　法第48条の24の国土交通省令で定める行為は、次の各号に掲げる承認又は許可の区分に応じ、当該各号に定める行為（当該道路協力団体がその業務を行う道路の区間において行うものに限る。）とする。

一　法第24条本文の規定による承認　花壇その他道路の緑化のための施設の設置、道路の交通に支障を及ぼしている構造上の原因の一部を除去するために行う突角の切取りその他の道路に関する工事又は除草、除雪その他の道路の維持

二　法第32条第1項又は第3項の規定による許可　工事用施設、工事用材料その他これらに類する工作物、物件若しくは施設で道路に関する工事若しくは道路の維持のためのもの、前条各号に掲げる工作物、物件若しくは施設又は看板、標識その他これらに類する物件で道路の管理に関する情報若しくは資料の収集及び提供、調査研究若しくは知識の普及及び啓発のためのものに係る道路の占用（前条第2号から第7号までに掲げる工作物、物件又は施設に係る道路の占用にあつては、法第48条の21第1号に掲げる業務を行う道路協力団体が行うものに限る。）

(4) 道路整備特別措置法（抄）

〔昭和31年3月14日
法律　第7号〕

最近改正　平成28年3月31日法律第19号

（機構による道路管理者の権限の代行）
第8条　機構は、会社が第3条第1項の許可を受けて高速道路を新設し、若しくは改築する場合又は第4条の規定により高速道路の維持、修繕及び災害復旧を行う場合においては、当該高速道路の道路管理者に代わつて、その権限のうち次に掲げるものを行うものとする。
　一～十二　（略）
　十三　道路法第24条本文の規定により道路に関する工事又は道路の維持を行うことを承認し、及び同法第87条第1項の規定により当該承認に必要な条件を付すること。
　十四　道路法第32条第1項又は第3項（同法第91条第2項においてこれらの規定を準用する場合を含む。）の規定により許可し、及び同法第32条第5項（同法第91条第2項において準用する場合を含む。）の規定により協議し、並びに同法第34条及び第87条第1項（同法第91条第2項においてこれらの規定を準用する場合を含む。）の規定により当該許可に必要な条件を付すること。
　十五　道路法第35条（同法第91条第2項において準用する場合を含む。）の規定により協議すること
　十六～三十二　（略）
　三十三　道路法第48条の24の規定により協議すること。
　三十四～三十八　（略）
2　機構は、前項の規定により高速自動車国道の道路管理者に代わつてその権限を行おうとする場合において、その権限が同項第1号、第3号、第14号から第16号まで、第27号、第33号又は第36号に掲げるもの（同項第14号、第15号又は第33号に掲げる権限にあつては道路の構造又は交通に及ぼす支障が大きいと認められる道路の占用で政令で定めるものに係るものに限り、同項第16号に掲げる権限にあつては道路法第39条の2第1項（同法第91条第2項において準用する場合を含む。）の規定により入札占用指針（当該道路の占用に関するものに限る。）を定めることに限り、前項第27号に掲げる権限にあつては同法第47条の3第2項の規定により協議することに限る。）であるときは、あらかじめ、当該道路管理者の承認を受け、かつ、これらの権限を行つたときは、遅滞なく、その旨を当該道路管理者に報告しなければならない。
3　機構は、第1項の規定により高速道路（高速自動車国道を除く。以下この項において同じ。）の道路管理者に代わつてその権限を行おうとする場合において、その権限が第1項第9号に掲げるもの又は一般国道に係る同項第14号から第16号まで、第27号、第31号若しくは第33号に掲げるもの（同項第16号に掲げ

る権限にあつては道路法第39条の2第1項（同法第91条第2項において準用する場合を含む。）の規定により入札占用指針を定めることに限り、第1項第27号に掲げる権限にあつては同法第47条の3第2項の規定により協議することに限る。以下この項において同じ。）であるときは当該高速道路の道路管理者の意見を聴き、その権限が第1項第36号に掲げるもの又は都道府県道若しくは指定市の市道に係る同項第14号から第16号まで、第27号、第31号若しくは第33号に掲げるものであるときは当該高速道路の道路管理者の同意を得、かつ、これらの権限を行つた場合においては、遅滞なく、その旨を当該高速道路の道路管理者に通知しなければならない。ただし、同項第14号から第16号まで又は第33号に掲げる権限にあつては、道路の構造又は交通に及ぼす支障が大きいと認められる道路の占用で政令で定めるものに係るものに係る場合に限る。

4　機構は、第1項の規定により高速道路の道路管理者に代わつてその権限を行おうとする場合において、その権限が同項第1号、第3号、第5号、第6号、第9号、第11号から第20号まで、第22号から第27号まで、第29号から第31号まで又は第33号から第37号までに掲げるものであるときは、あらかじめ、会社の意見を聴き、同項第1号から第7号まで又は第9号から第37号までに掲げる権限（同項第2号に掲げる権限にあつては高速自動車国道法第8条第1項に規定する他の工作物の管理者が、第1項第10号に掲げる権限にあつては道路法第20条第1項に規定する他の工作物の管理者が、それぞれ当該会社以外の者であるときに限る。）を行つた場合においては、遅滞なく、その旨を会社に通知しなければならない。

5　第1項第3号、第4号、第13号、第14号、第18号、第19号、第26号、第31号、第32号及び第37号の規定により高速道路の道路管理者に代わつて機構が行う許可、承認又は認定については、機構に提出すべき申請書その他の書類は、会社を経由しなければならない。この場合における道路法第32条第4項の規定の適用については、同項中「道路管理者」とあるのは、「道路整備特別措置法第2条第4項に規定する会社（以下「会社」という。）」とする。

6～10　（略）

（地方道路公社による道路管理者の権限の代行）

第17条　地方道路公社は、第10条第1項の許可若しくは第12条第1項の許可を受けて道路を新設し、若しくは改築する場合、第14条の規定により道路の維持、修繕及び災害復旧を行う場合又は第15条第1項の許可を受けて道路の維持、修繕及び災害復旧を行う場合においては、当該道路の道路管理者に代わつて、その権限のうち次に掲げるものを行うものとする。

一～六　（略）

七　道路法第24条本文の規定により道路に関する工事又は道路の維持を行うことを承認し、及同法第87条第1項の規定により当該承認に必要な条件を付すること。

八 （略）
九 道路法第32条第1項又は第3項（同法第91条第2項においてこれらの規定を準用する場合を含む。）の規定により許可し、及び同法第32条第5項（同法第91条第2項において準用する場合を含む。）の規定により協議し、並びに同法第34条及び第87条第1項（同法第91条第2項においてこれらの規定を準用する場合を含む。）の規定により当該許可に必要な条件を付すること。
十 道路法第35条（同法第91条第2項において準用する場合を含む。）の規定により協議すること。
十一～二十八 （略）
二十九 道路法第48条の24の規定により協議すること。
三十一～三十五 （略）

2 地方道路公社は、前項の規定により当該道路の道路管理者に代わつてその権限を行おうとする場合において、その権限が同項第1号に掲げるものであるときは当該道路の道路管理者の意見を聴き、その権限が同項第9号、第10号、第12号、第23号、第27号、第29号又は第32号に掲げるもの（同項第12号に掲げる権限にあつては道路法第39条の2第1項（同法第91条第2項において準用する場合を含む。）の規定により入札占用指針を定めることに限り、前項第23号に掲げる権限にあつては同法第47条の3第2項の規定により協議することに限る。）であるときは当該道路の道路管理者の同意を得、かつ、これらの権限を行つた場合においては、遅滞なく、その旨を当該道路の道路管理者に通知しなければならない。ただし、前項第9号、第10号、第12号又は第29号に掲げる権限にあつては、道路の構造又は交通に及ぼす支障が大きいと認められる道路の占用で政令で定めるものに係る場合に限る。

3 （略）

（会社管理高速道路の道路管理者が権限を行う場合の意見の聴取等）
第30条 道路管理者は、会社管理高速道路について、次に掲げる権限を行おうとするときは、あらかじめ、機構及び会社の意見を聴かなければならない。
一～八 （略）
九 道路法第48条の20第1項の規定により道路協力団体を指定すること。
十 道路法第48条の22第1項の規定により報告をさせ、同条第2項の規定により必要な措置を講ずべきことを命じ、及び同条第3項の規定により指定を取り消すこと。
十一 道路法第48条の23の規定により情報の提供又は指導若しくは助言をすること。
十二 （略）

2 （略）

（公社管理道路の道路管理者が権限を行う場合の意見の聴取等）
第31条 道路管理者は、地方道路公社が第10条第1項の許可を受けて新設し、若

しくは改築し、第14条の規定により維持、修繕及び災害復旧を行い、若しくは第15条第1項の許可を受けて維持、修繕及び災害復旧を行う道路又は第12条第1項の許可を受けて新設し、若しくは改築し、若しくは第14条の規定により維持、修繕及び災害復旧を行う指定都市高速道路（以下「公社管理道路」と総称する。）について、次に掲げる権限を行おうとするときは、あらかじめ、当該地方道路公社の意見を聴かなければならない。

一～六　（略）

七　道路法第48条の20第1項の規定により道路協力団体を指定すること。

八　道路法第48条の22第1項の規定により報告をさせ、同条第2項の規定により必要な措置を講ずべきことを命じ、及び同条第3項の規定により指定を取り消すこと。

九　道路法第48条の23の規定により情報の提供又は指導若しくは助言をすること。

十　（略）

2　（略）

2．読替表・権限代行の概要

(1) 踏切道改良促進法等の一部を改正する法律の施行に伴う関係政令の整備等に関する政令案　読替表

○道路法施行令第1条の7第3項による道路法第48条の20から第48条の25までの読替え

(傍線の部分は読替え部分)

読　替　後	読　替　前
（道路協力団体の指定） 第48条の20　<u>道路管理者等</u>は、次条に規定する業務を適正かつ確実に行うことができると認められる法人その他これに準ずるものとして国土交通省令で定める団体を、その申請により、道路協力団体として指定することができる。 2　（略） 3　道路協力団体は、その名称、住所又は事務所の所在地を変更しようとするときは、あらかじめ、その旨を<u>道路管理者等</u>に届け出なければならない。 4　（略） （道路協力団体の業務） 第48条の21　道路協力団体は、当該道路協力団体を指定した<u>道路管理者等</u>が管理する道路について、次に掲げる業務を行うものとする。 一　<u>道路管理者等</u>に協力して、道路	（道路協力団体の指定） 第48条の20　<u>道路管理者</u>は、次条に規定する業務を適正かつ確実に行うことができると認められる法人その他これに準ずるものとして国土交通省令で定める団体を、その申請により、道路協力団体として指定することができる。 2　道路管理者は、前項の規定による指定をしたときは、当該道路協力団体の名称、住所及び事務所の所在地を公示しなければならない。 3　道路協力団体は、その名称、住所又は事務所の所在地を変更しようとするときは、あらかじめ、その旨を<u>道路管理者</u>に届け出なければならない。 4　道路管理者は、前項の規定による届出があつたときは、当該届出に係る事項を公示しなければならない。 （道路協力団体の業務） 第48条の21　道路協力団体は、当該道路協力団体を指定した<u>道路管理者</u>が管理する道路について、次に掲げる業務を行うものとする。 一　<u>道路管理者</u>に協力して、道路に

に関する工事又は道路の維持を行うこと。 二　（略）	関する工事又は道路の維持を行うこと。 二　前号に掲げるもののほか、安全かつ円滑な道路の交通の確保又は道路の通行者若しくは利用者の利便の増進に資する工作物、物件又は施設であつて国土交通省令で定めるものの設置又は管理を行うこと。
三　（略）	三　道路の管理に関する情報又は資料を収集し、及び提供すること。
四　（略）	四　道路の管理に関する調査研究を行うこと。
五　（略）	五　道路の管理に関する知識の普及及び啓発を行うこと。
六　（略）	六　前各号に掲げる業務に附帯する業務を行うこと。
（監督等） 第48条の22　<u>道路管理者等</u>は、前条各号に掲げる業務の適正かつ確実な実施を確保するため必要があると認めるときは、道路協力団体に対し、その業務に関し報告をさせることができる。 2　<u>道路管理者等</u>は、道路協力団体が前条各号に掲げる業務を適正かつ確実に実施していないと認めるときは、道路協力団体に対し、その業務の運営の改善に関し必要な措置を講ずべきことを命ずることができる。 3　<u>道路管理者等</u>は、道路協力団体が前項の規定による命令に違反したときは、その指定を取り消すことができる。 4　（略）	（監督等） 第48条の22　<u>道路管理者</u>は、前条各号に掲げる業務の適正かつ確実な実施を確保するため必要があると認めるときは、道路協力団体に対し、その業務に関し報告をさせることができる。 2　<u>道路管理者</u>は、道路協力団体が前条各号に掲げる業務を適正かつ確実に実施していないと認めるときは、道路協力団体に対し、その業務の運営の改善に関し必要な措置を講ずべきことを命ずることができる。 3　<u>道路管理者</u>は、道路協力団体が前項の規定による命令に違反したときは、その指定を取り消すことができる。 4　道路管理者は、前項の規定により指定を取り消したときは、その旨を公示しなければならない。

2．読替表・権限代行の概要

（情報の提供等） 第48条の23　国土交通大臣又は<u>道路管理者等</u>は、道路協力団体に対し、その業務の実施に関し必要な情報の提供又は指導若しくは助言をするものとする。 （道路協力団体に対する道路管理者の承認等の特例） 第48条の24　道路協力団体が第48条の21各号に掲げる業務として行う国土交通省令で定める行為についての第24条本文並びに第32条第1項及び第3項の規定の適用については、道路協力団体と<u>道路管理者等</u>との協議が成立することをもって、これらの規定による承認又は許可があつたものとみなす。 （踏切道の改良への協力） 第48条の25　道路協力団体は、踏切道改良促進法（昭和36年法律第195号）第4条第6項（同条第13項において準用する場合を含む。）に規定する同意をした同条第1項に規定する地方踏切道改良計画又は同法第5条第3項（同条第6項において準用する場合を含む。）において準用する同法第4条第6項に規定する同意をした同法第5条第1項に規定する国踏切道改良計画（以下この条において「同意地方踏切道改良計画等」という。）に道路協力団体の協力が必要な事項が記載されたときは、当該同意地方踏切道改良計画等に基づき鉄道事業者及び<u>道路管理者等</u>が実施する踏切道（同法第2条に規定する踏切道をいう。）の改良に協力するものとする。	（情報の提供等） 第48条の23　国土交通大臣又は<u>道路管理者</u>は、道路協力団体に対し、その業務の実施に関し必要な情報の提供又は指導若しくは助言をするものとする。 （道路協力団体に対する道路管理者の承認等の特例） 第48条の24　道路協力団体が第48条の21各号に掲げる業務として行う国土交通省令で定める行為についての第24条本文並びに第32条第1項及び第3項の規定の適用については、道路協力団体と<u>道路管理者</u>との協議が成立することをもって、これらの規定による承認又は許可があつたものとみなす。 （踏切道の改良への協力） 第48条の25　道路協力団体は、踏切道改良促進法（昭和36年法律第195号）第4条第6項（同条第13項において準用する場合を含む。）に規定する同意をした同条第1項に規定する地方踏切道改良計画又は同法第5条第3項（同条第6項において準用する場合を含む。）において準用する同法第4条第6項に規定する同意をした同法第5条第1項に規定する国踏切道改良計画（以下この条において「同意地方踏切道改良計画等」という。）に道路協力団体の協力が必要な事項が記載されたときは、当該同意地方踏切道改良計画等に基づき鉄道事業者及び<u>道路管理者</u>が実施する踏切道（同法第2条に規定する踏切道をいう。）の改良に協力するものとする。

第5章　関係法令・通達集

○道路法施行令第1条の7第4項による道路法第48条の20から第48条の25までの読替え

（傍線の部分は読替え部分）

読　替　後	読　替　前
（道路協力団体の指定） 第48条の20　（略）	（道路協力団体の指定） 第48条の20　道路管理者は、次条に規定する業務を適正かつ確実に行うことができると認められる法人その他これに準ずるものとして国土交通省令で定める団体を、その申請により、道路協力団体として指定することができる。
2　（略）	2　道路管理者は、前項の規定による指定をしたときは、当該道路協力団体の名称、住所及び事務所の所在地を公示しなければならない。
3　（略）	3　道路協力団体は、その名称、住所又は事務所の所在地を変更しようとするときは、あらかじめ、その旨を道路管理者に届け出なければならない。
4　（略）	4　道路管理者は、前項の規定による届出があつたときは、当該届出に係る事項を公示しなければならない。
（道路協力団体の業務） 第48条の21　（略）	（道路協力団体の業務） 第48条の21　道路協力団体は、当該道路協力団体を指定した道路管理者が管理する道路について、次に掲げる業務を行うものとする。 一　道路管理者に協力して、道路に関する工事又は道路の維持を行うこと。 二　前号に掲げるもののほか、安全かつ円滑な道路の交通の確保又は道路の通行者若しくは利用者の利便の増進に資する工作物、物件又は施設であつて国土交通省令で定

	めるものの設置又は管理を行うこと。
	三　道路の管理に関する情報又は資料を収集し、及び提供すること。
	四　道路の管理に関する調査研究を行うこと。
	五　道路の管理に関する知識の普及及び啓発を行うこと。
	六　前各号に掲げる業務に附帯する業務を行うこと。
（監督等）	（監督等）
第48条の22　（略）	第48条の22　道路管理者は、前条各号に掲げる業務の適正かつ確実な実施を確保するため必要があると認めるときは、道路協力団体に対し、その業務に関し報告をさせることができる。
2　（略）	2　道路管理者は、道路協力団体が前条各号に掲げる業務を適正かつ確実に実施していないと認めるときは、道路協力団体に対し、その業務の運営の改善に関し必要な措置を講ずべきことを命ずることができる。
3　（略）	3　道路管理者は、道路協力団体が前項の規定による命令に違反したときは、その指定を取り消すことができる。
4　（略）	4　道路管理者は、前項の規定により指定を取り消したときは、その旨を公示しなければならない。
（情報の提供等）	（情報の提供等）
第48条の23　（略）	第48条の23　国土交通大臣又は道路管理者は、道路協力団体に対し、その業務の実施に関し必要な情報の提供又は指導若しくは助言をするものとする。
（道路協力団体に対する道路管理者の	（道路協力団体に対する道路管理者の

承認等の特例） 第48条の24　道路協力団体が第48条の21各号に掲げる業務として行う国土交通省令で定める行為についての第24条本文並びに第32条第１項及び第３項の規定の適用については、道路協力団体と<u>道路管理者等</u>との協議が成立することをもつて、これらの規定による承認又は許可があつたものとみなす。 （踏切道の改良への協力） 第48条の25　（略）	承認等の特例） 第48条の24　道路協力団体が第48条の21各号に掲げる業務として行う国土交通省令で定める行為についての第24条本文並びに第32条第１項及び第３項の規定の適用については、道路協力団体と道路管理者との協議が成立することをもつて、これらの規定による承認又は許可があつたものとみなす。 （踏切道の改良への協力） 第48条の25　道路協力団体は、踏切道改良促進法（昭和36年法律第195号）第４条第６項（同条第13項において準用する場合を含む。）に規定する同意をした同条第１項に規定する地方踏切道改良計画又は同法第５条第３項（同条第６項において準用する場合を含む。）において準用する同法第４条第６項に規定する同意をした同法第５条第１項に規定する国踏切道改良計画（以下この条において「同意地方踏切道改良計画等」という。）に道路協力団体の協力が必要な事項が記載されたときは、当該同意地方踏切道改良計画等に基づき鉄道事業者及び道路管理者が実施する踏切道（同法第２条に規定する踏切道をいう。）の改良に協力するものとする。

2．読替表・権限代行の概要

○道路法施行令19条の3の2による道路法施行令第19条第1項本文及び第3項の読替え

（傍線の部分は読替え部分）

読 替 後	読 替 前
（指定区間内の国道に係る占用料の額） 第19条　指定区間内の国道に係る占用料の額は、別表占用料の欄に定める金額（第7条第8号に掲げる施設のうち特定連結路附属地に設けるもの及び同条第13号に掲げる施設にあつては、同表占用料の欄に定める額及び道路の交通量等から見込まれる当該施設において行われる営業により通常得られる売上収入額に応じて国土交通省令で定めるところにより算定した額を勘案して占用面積1平方メートルにつき1年当たりの妥当な占用の対価として算定した額。以下この項及び次項において同じ。）に、<u>入札対象施設等の種類その他の事項を勘案して国土交通大臣が定める期間</u>を同表占用料の単位の欄に定める期間で除して得た数を乗じて得た額（その額が100円に満たない場合にあつては、100円）とする。	（指定区間内の国道に係る占用料の額） 第19条　指定区間内の国道に係る占用料の額は、別表占用料の欄に定める金額（第7条第8号に掲げる施設のうち特定連結路附属地に設けるもの及び同条第13号に掲げる施設にあつては、同表占用料の欄に定める額及び道路の交通量等から見込まれる当該施設において行われる営業により通常得られる売上収入額に応じて国土交通省令で定めるところにより算定した額を勘案して占用面積1平方メートルにつき1年当たりの妥当な占用の対価として算定した額。以下この項及び次項において同じ。）に、<u>法第32条第1項若しくは第3項の規定により許可をし、法第35条の規定により同意をし、又は法第48条の24の規定により協議が成立した占用の期間（電線共同溝に係る占用料にあつては、電線共同溝整備法第10条、第11条第1項若しくは第12条第1項の規定により許可をし、又は電線共同溝整備法第21条の規定により協議が成立した占用することができる期間（当該許可又は当該協議に係る電線共同溝への電線の敷設工事を開始した日が当該許可をし、又は当該協議が成立した日と異なる場合には、当該敷設工事を開始した日から当該占用することができる期間の末日までの期間）。以下この項、次項、次条第1項及び別表の備考第9号にお</u>

2　（略）
3　国土交通大臣は、指定区間内の国道に係る占用料で次に掲げる占用物件に係るものについて、特に必要があると認めるときは、<u>第19条の３の２において準用する第１項の規定</u>にかかわらず、同項に規定する額の範囲内において別に<u>占用料の額の最低額の下限の額を定める</u>ことができる。
　一　（略）
　二　（略）

　三　（略）

　四　（略）

いて同じ。）に相当する期間を同表占用料の単位の欄に定める期間で除して得た数を乗じて得た額（その額が100円に満たない場合にあつては、100円）とする。ただし、当該占用の期間が翌年度以降にわたる場合においては、同表占用料の欄に定める金額に、各年度における占用の期間に相当する期間を同表占用料の単位の欄に定める期間で除して得た数を乗じて得た額（その額が100円に満たない場合にあつては、100円）の合計額とする。
2　（略）
3　国土交通大臣は、指定区間内の国道に係る占用料で次に掲げる占用物件に係るものについて、特に必要があると認めるときは、<u>前２項の規定</u>にかかわらず、前２項に規定する額の範囲内において別に<u>占用料の額を定め、又は占用料を徴収しないこと</u>ができる。

　一　応急仮設住宅
　二　地方財政法（昭和23年法律第109号）第６条に規定する公営企業に係るもの
　三　独立行政法人鉄道建設・運輸施設整備支援機構が建設し、又は災害復旧工事を行う鉄道施設及び独立行政法人日本高速道路保有・債務返済機構が管理を行う鉄道施設並びに鉄道事業法による鉄道事業者又は索道事業者がその鉄道事業又は索道事業で一般の需要に応ずるものの用に供する施設
　四　公職選挙法（昭和25年法律第100

2．読替表・権限代行の概要

読　替　後	読　替　前
五　（略）	号）による選挙運動のために使用する立札、看板その他の物件 五　街灯、公共の用に供する通路及び駐車場法(昭和32年法律第106号）第17条第1項に規定する都市計画において定められた路外駐車場
六　前各号に掲げるもののほか、<u>第19条の3の2において準用する第1項に規定する額を占用料の額の最低額の下限の額とする</u>ことが著しく不適当であると認められる占用物件で、国土交通大臣が定めるもの	六　前各号に掲げるもののほか、<u>前2項に規定する額の占用料を徴収</u>することが著しく不適当であると認められる占用物件で、国土交通大臣が定めるもの
4　（略）	4　（略）

○道路整備特別措置法施行令第15条第1項による道路法第48条の20から第48条の24までの読替え【機構関係】

（傍線の部分は読替え部分）

読　替　後	読　替　前
（道路協力団体の指定） 第48条の20　（略）	（道路協力団体の指定） 第48条の20　道路管理者は、次条に規定する業務を適正かつ確実に行うことができると認められる法人その他これに準ずるものとして国土交通省令で定める団体を、その申請により、道路協力団体として指定することができる。
2　（略）	2　道路管理者は、前項の規定による指定をしたときは、当該道路協力団体の名称、住所及び事務所の所在地を公示しなければならない。
3　（略）	3　道路協力団体は、その名称、住所又は事務所の所在地を変更しようとするときは、あらかじめ、その旨を道路管理者に届け出なければならない。

93

4　（略）

（道路協力団体の業務）
第48条の21　（略）

4　道路管理者は、前項の規定による届出があつたときは、当該届出に係る事項を公示しなければならない。
（道路協力団体の業務）
第48条の21　道路協力団体は、当該道路協力団体を指定した道路管理者が管理する道路について、次に掲げる業務を行うものとする。
　一　道路管理者に協力して、道路に関する工事又は道路の維持を行うこと。
　二　前号に掲げるもののほか、安全かつ円滑な道路の交通の確保又は道路の通行者若しくは利用者の利便の増進に資する工作物、物件又は施設であつて国土交通省令で定めるものの設置又は管理を行うこと。
　三　道路の管理に関する情報又は資料を収集し、及び提供すること。
　四　道路の管理に関する調査研究を行うこと。
　五　道路の管理に関する知識の普及及び啓発を行うこと。
　六　前各号に掲げる業務に附帯する業務を行うこと。

（監督等）
第48条の22　（略）

2　（略）

（監督等）
第48条の22　道路管理者は、前条各号に掲げる業務の適正かつ確実な実施を確保するため必要があると認めるときは、道路協力団体に対し、その業務に関し報告をさせることができる。
2　道路管理者は、道路協力団体が前条各号に掲げる業務を適正かつ確実に実施していないと認めるときは、道路協力団体に対し、その業務の運

2．読替表・権限代行の概要

読替後	読替前
3　（略） 4　（略） （情報の提供等） 第48条の23　（略） （道路協力団体に対する道路管理者の承認等の特例） 第48条の24　道路協力団体が第48条の21各号に掲げる業務として行う国土交通省令で定める行為についての第24条本文並びに第32条第1項及び第3項の規定の適用については、道路協力団体と<u>機構</u>との協議が成立することをもって、これらの規定による承認又は許可があつたものとみなす。	営の改善に関し必要な措置を講ずべきことを命ずることができる。 3　道路管理者は、道路協力団体が前項の規定による命令に違反したときは、その指定を取り消すことができる。 4　道路管理者は、前項の規定により指定を取り消したときは、その旨を公示しなければならない。 （情報の提供等） 第48条の23　国土交通大臣又は道路管理者は、道路協力団体に対し、その業務の実施に関し必要な情報の提供又は指導若しくは助言をするものとする。 （道路協力団体に対する道路管理者の承認等の特例） 第48条の24　道路協力団体が第48条の21各号に掲げる業務として行う国土交通省令で定める行為についての第24条本文並びに第32条第1項及び第3項の規定の適用については、道路協力団体と<u>道路管理者</u>との協議が成立することをもって、これらの規定による承認又は許可があつたものとみなす。

○道路整備特別措置法施行令第15条第1項による道路法第48条の20から第48条の24までの読替え【地方道路公社関係】

（傍線の部分は読替え部分）

読替後	読替前
（道路協力団体の指定） 第48条の20　（略）	（道路協力団体の指定） 第48条の20　道路管理者は、次条に規定する業務を適正かつ確実に行うことができると認められる法人その他

95

第5章　関係法令・通達集

	これに準ずるものとして国土交通省令で定める団体を、その申請により、道路協力団体として指定することができる。
2　（略）	2　道路管理者は、前項の規定による指定をしたときは、当該道路協力団体の名称、住所及び事務所の所在地を公示しなければならない。
3　（略）	3　道路協力団体は、その名称、住所又は事務所の所在地を変更しようとするときは、あらかじめ、その旨を道路管理者に届け出なければならない。
4　（略）	4　道路管理者は、前項の規定による届出があつたときは、当該届出に係る事項を公示しなければならない。
（道路協力団体の業務） 第48条の21　（略）	（道路協力団体の業務） 第48条の21　道路協力団体は、当該道路協力団体を指定した道路管理者が管理する道路について、次に掲げる業務を行うものとする。 　一　道路管理者に協力して、道路に関する工事又は道路の維持を行うこと。 　二　前号に掲げるもののほか、安全かつ円滑な道路の交通の確保又は道路の通行者若しくは利用者の利便の増進に資する工作物、物件又は施設であつて国土交通省令で定めるものの設置又は管理を行うこと。 　三　道路の管理に関する情報又は資料を収集し、及び提供すること。 　四　道路の管理に関する調査研究を行うこと。 　五　道路の管理に関する知識の普及及び啓発を行うこと。 　六　前各号に掲げる業務に附帯する

（監督等） 第48条の22　（略）	業務を行うこと。 （監督等） 第48条の22　道路管理者は、前条各号に掲げる業務の適正かつ確実な実施を確保するため必要があると認めるときは、道路協力団体に対し、その業務に関し報告をさせることができる。
2　（略）	2　道路管理者は、道路協力団体が前条各号に掲げる業務を適正かつ確実に実施していないと認めるときは、道路協力団体に対し、その業務の運営の改善に関し必要な措置を講ずべきことを命ずることができる。
3　（略）	3　道路管理者は、道路協力団体が前項の規定による命令に違反したときは、その指定を取り消すことができる。
4　（略）	4　道路管理者は、前項の規定により指定を取り消したときは、その旨を公示しなければならない。
（情報の提供等） 第48条の23　（略）	（情報の提供等） 第48条の23　国土交通大臣又は道路管理者は、道路協力団体に対し、その業務の実施に関し必要な情報の提供又は指導若しくは助言をするものとする。
（道路協力団体に対する道路管理者の承認等の特例） 第48条の24　道路協力団体が第48条の21各号に掲げる業務として行う国土交通省令で定める行為についての第24条本文並びに第32条第1項及び第3項の規定の適用については、道路協力団体と<u>地方道路公社</u>との協議が成立することをもつて、これらの規定による承認又は許可があつたものとみなす。	（道路協力団体に対する道路管理者の承認等の特例） 第48条の24　道路協力団体が第48条の21各号に掲げる業務として行う国土交通省令で定める行為についての第24条本文並びに第32条第1項及び第3項の規定の適用については、道路協力団体と<u>道路管理者</u>との協議が成立することをもつて、これらの規定による承認又は許可があつたものとみなす。

○道路整備特別措置法施行令第15条第2項による道路法第48条の20から第48条の24までの読替え

（傍線の部分は読替え部分）

読　替　後	読　替　前
（道路協力団体の指定） 第48条の20　<u>有料道路管理者</u>は、次条に規定する業務を適正かつ確実に行うことができると認められる法人その他これに準ずるものとして国土交通省令で定める団体を、その申請により、道路協力団体として指定することができる。 2　<u>有料道路管理者</u>は、前項の規定による指定をしたときは、当該道路協力団体の名称、住所及び事務所の所在地を公示しなければならない。 3　道路協力団体は、その名称、住所又は事務所の所在地を変更しようとするときは、あらかじめ、その旨を<u>有料道路管理者</u>に届け出なければならない。 4　<u>有料道路管理者</u>は、前項の規定による届出があつたときは、当該届出に係る事項を公示しなければならない。 （道路協力団体の業務） 第48条の21　道路協力団体は、当該道路協力団体を指定した<u>有料道路管理者</u>が管理する道路について、次に掲げる業務を行うものとする。 一　<u>有料道路管理者</u>に協力して、道路に関する工事又は道路の維持を行うこと。 二　（略）	（道路協力団体の指定） 第48条の20　<u>道路管理者</u>は、次条に規定する業務を適正かつ確実に行うことができると認められる法人その他これに準ずるものとして国土交通省令で定める団体を、その申請により、道路協力団体として指定することができる。 2　<u>道路管理者</u>は、前項の規定による指定をしたときは、当該道路協力団体の名称、住所及び事務所の所在地を公示しなければならない。 3　道路協力団体は、その名称、住所又は事務所の所在地を変更しようとするときは、あらかじめ、その旨を<u>道路管理者</u>に届け出なければならない。 4　<u>道路管理者</u>は、前項の規定による届出があつたときは、当該届出に係る事項を公示しなければならない。 （道路協力団体の業務） 第48条の21　道路協力団体は、当該道路協力団体を指定した<u>道路管理者</u>が管理する道路について、次に掲げる業務を行うものとする。 一　<u>道路管理者</u>に協力して、道路に関する工事又は道路の維持を行うこと。 二　前号に掲げるもののほか、安全かつ円滑な道路の交通の確保又は道路の通行者若しくは利用者の利便の増進に資する工作物、物件又は施設であつて国土交通省令で定

三 （略）	めるものの設置又は管理を行うこと。
四 （略）	三　道路の管理に関する情報又は資料を収集し、及び提供すること。
五 （略）	四　道路の管理に関する調査研究を行うこと。
六 （略）	五　道路の管理に関する知識の普及及び啓発を行うこと。
（監督等）	六　前各号に掲げる業務に附帯する業務を行うこと。
第48条の22　<u>有料道路管理者</u>は、前条各号に掲げる業務の適正かつ確実な実施を確保するため必要があると認めるときは、道路協力団体に対し、その業務に関し報告をさせることができる。	（監督等）
	第48条の22　<u>道路管理者</u>は、前条各号に掲げる業務の適正かつ確実な実施を確保するため必要があると認めるときは、道路協力団体に対し、その業務に関し報告をさせることができる。
2　<u>有料道路管理者</u>は、道路協力団体が前条各号に掲げる業務を適正かつ確実に実施していないと認めるときは、道路協力団体に対し、その業務の運営の改善に関し必要な措置を講ずべきことを命ずることができる。	2　<u>道路管理者</u>は、道路協力団体が前条各号に掲げる業務を適正かつ確実に実施していないと認めるときは、道路協力団体に対し、その業務の運営の改善に関し必要な措置を講ずべきことを命ずることができる。
3　<u>有料道路管理者</u>は、道路協力団体が前項の規定による命令に違反したときは、その指定を取り消すことができる。	3　<u>道路管理者</u>は、道路協力団体が前項の規定による命令に違反したときは、その指定を取り消すことができる。
4　<u>有料道路管理者</u>は、前項の規定により指定を取り消したときは、その旨を公示しなければならない。	4　<u>道路管理者</u>は、前項の規定により指定を取り消したときは、その旨を公示しなければならない。
（情報の提供等）	（情報の提供等）
第48条の23　国土交通大臣又は<u>有料道路管理者</u>は、道路協力団体に対し、その業務の実施に関し必要な情報の提供又は指導若しくは助言をするものとする。	第48条の23　国土交通大臣又は<u>道路管理者</u>は、道路協力団体に対し、その業務の実施に関し必要な情報の提供又は指導若しくは助言をするものとする。
（道路協力団体に対する道路管理者の	（道路協力団体に対する道路管理者の

承認等の特例）	承認等の特例）
第48条の24　道路協力団体が第48条の21各号に掲げる業務として行う国土交通省令で定める行為についての第24条本文並びに第32条第１項及び第３項の規定の適用については、道路協力団体と<u>有料道路管理者</u>との協議が成立することをもつて、これらの規定による承認又は許可があつたものとみなす。	第48条の24　道路協力団体が第48条の21各号に掲げる業務として行う国土交通省令で定める行為についての第24条本文並びに第32条第１項及び第３項の規定の適用については、道路協力団体と<u>道路管理者</u>との協議が成立することをもつて、これらの規定による承認又は許可があつたものとみなす。

○道路整備特別措置法施行令第16条による道路法第48条の20から第48条の24までの読替え　　　　　　　　　　　　　（傍線の部分は読替え部分）

特措法施行令 第16条による読替え ※下線部は令第16条の表中第４欄に掲げる字句	高速法施行令 第12条による読替え ※下線部は令第16条の表中第３欄に掲げる字句	道路法 ※下線部は令第16条の表中第２欄に掲げる字句
（道路協力団体の指定） 第48条の20　（略）	（道路協力団体の指定） 第48条の20　（略）	（道路協力団体の指定） 第48条の20　道路管理者は、次条に規定する業務を適正かつ確実に行うことができると認められる法人その他これに準ずるものとして国土交通省令で定める団体を、その申請により、道路協力団体として指定することができる。
２　（略）	２　（略）	２　道路管理者は、前項の規定による指定をしたときは、当該道路協力団体の名称、住所及び事務所の所在地を公示しなければならない。
３　（略）	３　（略）	３　道路協力団体は、その名称、住所又は事務

2．読替表・権限代行の概要

		所の所在地を変更しようとするときは、あらかじめ、その旨を道路管理者に届け出なければならない。
4　（略）	4　（略）	4　道路管理者は、前項の規定による届出があつたときは、当該届出に係る事項を公示しなければならない。
（道路協力団体の業務） 第48条の21　（略）	（道路協力団体の業務） 第48条の21　（略）	（道路協力団体の業務） 第48条の21　道路協力団体は、当該道路協力団体を指定した道路管理者が管理する道路について、次に掲げる業務を行うものとする。 　一　道路管理者に協力して、道路に関する工事又は道路の維持を行うこと。 　二　前号に掲げるもののほか、安全かつ円滑な道路の交通の確保又は道路の通行者若しくは利用者の利便の増進に資する工作物、物件又は施設であつて国土交通省令で定めるものの設置又は管理を行うこと。 　三　道路の管理に関する情報又は資料を収集し、及び提供すること。 　四　道路の管理に関す

101

		る調査研究を行うこと。 五　道路の管理に関する知識の普及及び啓発を行うこと。 六　前各号に掲げる業務に附帯する業務を行うこと。
（監督等） 第48条の22　（略）	（監督等） 第48条の22　（略）	（監督等） 第48条の22　道路管理者は、前条各号に掲げる業務の適正かつ確実な実施を確保するため必要があると認めるときは、道路協力団体に対し、その業務に関し報告をさせることができる。
2　（略）	2　（略）	2　道路管理者は、道路協力団体が前条各号に掲げる業務を適正かつ確実に実施していないと認めるときは、道路協力団体に対し、その業務の運営の改善に関し必要な措置を講ずべきことを命ずることができる。
3　（略）	3　（略）	3　道路管理者は、道路協力団体が前項の規定による命令に違反したときは、その指定を取り消すことができる。
4　（略）	4　（略）	4　道路管理者は、前項の規定により指定を取り消したときは、その旨を公示しなければな

2．読替表・権限代行の概要

		らない。
（情報の提供等） 第48条の23　（略）	（情報の提供等） 第48条の23　（略）	（情報の提供等） 第48条の23　国土交通大臣又は道路管理者は、道路協力団体に対し、その業務の実施に関し必要な情報の提供又は指導若しくは助言をするものとする。
（道路協力団体に対する道路管理者の承認等の特例） 第48条の24　道路協力団体が第48条の21各号に掲げる業務として行う国土交通省令で定める行為についての第24条本文並びに第32条第１項及び第３項の規定の適用については、道路協力団体と<u>機構</u>との協議が成立することをもつて、これらの規定による承認又は許可があつたものとみなす。	（道路協力団体に対する道路管理者の承認等の特例） 第48条の24　道路協力団体が第48条の21各号に掲げる業務として行う国土交通省令で定める行為についての第24条本文並びに第32条第１項及び第３項の規定の適用については、道路協力団体と<u>国土交通大臣</u>との協議が成立することをもつて、これらの規定による承認又は許可があつたものとみなす。	（道路協力団体に対する道路管理者の承認等の特例） 第48条の24　道路協力団体が第48条の21各号に掲げる業務として行う国土交通省令で定める行為についての第24条本文並びに第32条第１項及び第３項の規定の適用については、道路協力団体と<u>道路管理者</u>との協議が成立することをもつて、これらの規定による承認又は許可があつたものとみなす。

○高速自動車国道法施行令第12条による道路法第48条の20から第48条の24までの読替え　　　　　　　　　　　　　　（傍線の部分は読替え部分）

読　替　後	読　替　前
（道路協力団体の指定） 第48条の20　<u>国土交通大臣</u>は、次条に規定する業務を適正かつ確実に行うことができると認められる法人その他これに準ずるものとして国土交通省令で定める団体を、その申請によ	（道路協力団体の指定） 第48条の20　<u>道路管理者</u>は、次条に規定する業務を適正かつ確実に行うことができると認められる法人その他これに準ずるものとして国土交通省令で定める団体を、その申請により、

り、道路協力団体として指定することができる。
2 　国土交通大臣は、前項の規定による指定をしたときは、当該道路協力団体の名称、住所及び事務所の所在地を公示しなければならない。
3 　道路協力団体は、その名称、住所又は事務所の所在地を変更しようとするときは、あらかじめ、その旨を国土交通大臣に届け出なければならない。
4 　国土交通大臣は、前項の規定による届出があつたときは、当該届出に係る事項を公示しなければならない。
（道路協力団体の業務）
第48条の21　道路協力団体は、当該道路協力団体を指定した国土交通大臣が管理する道路について、次に掲げる業務を行うものとする。
一　国土交通大臣に協力して、道路に関する工事又は道路の維持を行うこと。
二　（略）

三　（略）
四　（略）
五　（略）
六　（略）

道路協力団体として指定することができる。
2 　道路管理者は、前項の規定による指定をしたときは、当該道路協力団体の名称、住所及び事務所の所在地を公示しなければならない。
3 　道路協力団体は、その名称、住所又は事務所の所在地を変更しようとするときは、あらかじめ、その旨を道路管理者に届け出なければならない。
4 　道路管理者は、前項の規定による届出があつたときは、当該届出に係る事項を公示しなければならない。
（道路協力団体の業務）
第48条の21　道路協力団体は、当該道路協力団体を指定した道路管理者が管理する道路について、次に掲げる業務を行うものとする。
一　道路管理者に協力して、道路に関する工事又は道路の維持を行うこと。
二　前号に掲げるもののほか、安全かつ円滑な道路の交通の確保又は道路の通行者若しくは利用者の利便の増進に資する工作物、物件又は施設であつて国土交通省令で定めるものの設置又は管理を行うこと。
三　道路の管理に関する情報又は資料を収集し、及び提供すること。
四　道路の管理に関する調査研究を行うこと。
五　道路の管理に関する知識の普及及び啓発を行うこと。
六　前各号に掲げる業務に附帯する業務を行うこと。

2．読替表・権限代行の概要

（監督等）
第48条の22　<u>国土交通大臣</u>は、前条各号に掲げる業務の適正かつ確実な実施を確保するため必要があると認めるときは、道路協力団体に対し、その業務に関し報告をさせることができる。

2　<u>国土交通大臣</u>は、道路協力団体が前条各号に掲げる業務を適正かつ確実に実施していないと認めるときは、道路協力団体に対し、その業務の運営の改善に関し必要な措置を講ずべきことを命ずることができる。

3　<u>国土交通大臣</u>は、道路協力団体が前項の規定による命令に違反したときは、その指定を取り消すことができる。

4　<u>国土交通大臣</u>は、前項の規定により指定を取り消したときは、その旨を公示しなければならない。

（情報の提供等）
第48条の23　<u>国土交通大臣</u>は、道路協力団体に対し、その業務の実施に関し必要な情報の提供又は指導若しくは助言をするものとする。

（道路協力団体に対する道路管理者の承認等の特例）
第48条の24　道路協力団体が第48条の21各号に掲げる業務として行う国土交通省令で定める行為についての第24条本文並びに第32条第1項及び第3項の規定の適用については、道路協力団体と<u>国土交通大臣</u>との協議が成立することをもって、これらの規定による承認又は許可があつたものとみなす。

（監督等）
第48条の22　<u>道路管理者</u>は、前条各号に掲げる業務の適正かつ確実な実施を確保するため必要があると認めるときは、道路協力団体に対し、その業務に関し報告をさせることができる。

2　<u>道路管理者</u>は、道路協力団体が前条各号に掲げる業務を適正かつ確実に実施していないと認めるときは、道路協力団体に対し、その業務の運営の改善に関し必要な措置を講ずべきことを命ずることができる。

3　<u>道路管理者</u>は、道路協力団体が前項の規定による命令に違反したときは、その指定を取り消すことができる。

4　<u>道路管理者</u>は、前項の規定により指定を取り消したときは、その旨を公示しなければならない。

（情報の提供等）
第48条の23　<u>国土交通大臣又は道路管理者</u>は、道路協力団体に対し、その業務の実施に関し必要な情報の提供又は指導若しくは助言をするものとする。

（道路協力団体に対する道路管理者の承認等の特例）
第48条の24　道路協力団体が第48条の21各号に掲げる業務として行う国土交通省令で定める行為についての第24条本文並びに第32条第1項及び第3項の規定の適用については、道路協力団体と<u>道路管理者</u>との協議が成立することをもって、これらの規定による承認又は許可があつたものとみなす。

第5章 関係法令・通達集

(2) 道路管理者の権限代行関係一覧

		道路法						
道路管理者の権限一覧		令§1の2① (法§13②)	令§1の2② (法§13②)	令§1の3① (法§13②)	令§1の3② (法§13②)	令§4① (法§12、§13③)	令§6① (法§27①)	令§6③ (法§27①)
	道路管理者（管理者）	国土交通大臣				都道府県又は指定市		
	権限代行者（代行者）	都道府県又は指定市				国土交通大臣		
条文	内容	指定区間内国道の管理	受任者→管理者 (事後報告)	管理者→受任者 (意見聴取)	管理者→受任者 (事後通知)	指定区間外国道の新設等	代行者→管理者 (意見聴取)	代行者→管理者 (事後通知)
		管理者	受任者			管理者	代行者	
§18①	道路区域の決定・変更	○				○		○
§18②	道路の供用の開始又は廃止の公示	○				○		
§19①	境界地の道路の管理	○				○		
§19②	協議が不成立の場合の裁定の申請	○				○		
§19⑤	成立した協議内容の公示	○				○		
§19の2①	共用管理施設管理協議（災害復旧に関する工事の施行に限る）	○					○	
§19の2②	協議が不成立の場合の裁定の申請	○				○		
§19の2⑥	成立した協議内容の公示	○				○		
§20①	兼用工作物管理協議（災害復旧に関する工事の施行に限る）						○	
	兼用工作物管理協議（他の工作物の管理者が会社）							
	兼用工作物管理協議（他の工作物の管理者が会社以外であり、新設、改築、維持、修繕及び災害復旧以外の管理の方法について協議する場合）	○				○		
§20③	協議が不成立の場合の裁定の申請（以下以外の場合）							
	協議が不成立の場合の裁定の申請（他の工作物の管理者が会社以外であり、新設、改築、維持、修繕及び災害復旧以外の管理の方法について協議する場合）	○				○		
§20⑥	成立した協議内容の公示	○				○		
§21	他の工作物の管理者に対する工事施行命令	○					○	
§21	他の工作物の管理者に対する維持施行命令	○				○		
§22①	工事原因者に対する工事施行命令	○				○		
§22①	工事原因者に対する維持施行命令	○				○		
§22の2	維持修繕協定の締結	○				○		
§23①	附帯工事の施行	○					○	
§24本文	道路管理者以外の者の行う工事の承認	○					○	
	道路管理者以外の者の行う維持の承認	○				○		
§24の2①③	自動車駐車場等の駐車料金等の徴収	○				○		
§24の3	自動車駐車場等の駐車料金等の表示	○				○		
§25①	有料の橋又は渡船施設の料金の徴収							
§25③⑤	国土交通大臣への書類等の提出							
§26①③	有料の橋又は渡船施設の料金の検査							
§28①③	道路台帳の調製・保管	○				○		
§28の2	協議会の組織	○				○		
§31①	鉄道との交差協議	○				○		
§31②	協議が不成立の場合の裁定の申請	○				○		
§32①	道路占用の許可		○	○	○		○	○
§32②	道路占用の変更の許可		○	○	○		○	○
§32⑤	道路占用許可に係る警察署長協議	○						
§34	道路占用工事の調整のための条件の付与		○				○	
§35	国が行う事業のための道路占用についての国との協議及び同意		○	○	○		○	○
§36①	道路管理者への水道事業等に係る工事計画書の受理	○				○		
§37①	道路の占用禁止・制限	○		○		○		○
§37②	占用禁止等区域の指定に係る警察署長協議	○				○		
§37③	占用を禁止等区域の公示	○				○		

□：新たに追加される道路管理者の権限

								［参考］特措法							高速法
令§4の2①(法§27②)(法§17④)		令6②(法§27②)	令6④(法§27②)	令§4の3①(法§27③)(法§17⑥)		令§6①(法§27③)	令§6③(法§27③)	法§8		法§8②	法§8③	法§8④ 法§9⑩	§30①	法§30②	法§25①(令§12)
都道府県				都道府県又は市町村				国土交通大臣、都道府県等							／
指定市以外の市町村				国土交通大臣				機構/会社　(○：機構/●：会社)							／
歩道の新設等(協議により代行する権限を決定)		代行者→管理者(意見聴取)	代行者→管理者(事後通知)	都道府県道等を構成する施設等の改築等(協議により代行する権限を決定)		代行者→管理者(意見聴取)	代行者→管理者(事後通知)	高速道路の新設等		代行者→管理者(事前承認・事後報告＊1)※高速自動車国道	代行者→管理者(意見徴取・事後通知＊1)※自動車専用道路等	機構→会社 会社→機構(意見徴取・事後通知)	管理者→代行者(意見聴取)	管理者→代行者(事後通知)	技術的読替え
管理者	代行者	／	／	管理者	代行者	／	／	管理者	代行者	／	／	／	／	／	
	○		○		○		○		○	○	○	○			
○				○				○							
○				○				○							
○				○				○							
○				○				○							
○				○					●						
○				○					●＊3						
○				○				○							
○				○				○				○			
○				○					●						
○				○				○＊3							
									●＊3						
○				○				○							
	○				○				○		○	○			
	○			○					○						
	○				○				○						
	○			○					○						
	○	○	○	○					●						
	○				○				●			●			
	○				○				○			○			
	○			○					○			○			
	○			○				○							
○				○				○							
／	／	／	／	／	／	／	／	／	／	／	／	／	／	／	
／	／	／	／	／	／	／	／	／	／	／	／	／	／	／	
／	／	／	／	／	／	／	／	／	／	／	／	／	／	／	
○				○				○							
	○	○	○	○				○					○	○	
○				○					●						
○				○					●＊3						
	○		○		○		○		○	○	○	○			○
	○		○		○		○		○	○	○	○			○
	○			○					○	○	○	○			○
	○		○		○				○	○	○	○			○
	○		○		○		○		○	○	○	○			○
	○				○				○＊3						○
○				○				○					○	○	○
○				○				○							○
○				○				○							○

第 5 章 関係法令・通達集

			道路法						
道路管理者の権限一覧			令§1の2① (法§13②)	令§1の2② (法§13②)	令§1の3① (法§13②)	令§1の3② (法§13②)	令§4① (法§27①) (法§12,§13③)	令§6① (法§27①)	令§6③ (法§27①)
		道路管理者（管理者）	国土交通大臣				都道府県又は指定市		
		権限代行者（代行者）	都道府県又は指定市				国土交通大臣		
条文	内容		指定区間内国道の管理	受任者 →管理者 (事後報告)	管理者 →受任者 (意見聴取)	管理者 →受任者 (事後通知)	指定区間外国道の新設等	代行者 →管理者 (意見聴取)	代行者 →管理者 (事後通知)
			管理者	受任者			管理者	代行者	
§38①	道路管理者の道路の占用に関する工事の施行（§91②準用）		○				○		
§38②	道路管理者の道路の占用に関する工事の施行に係る通知		○				○*2		
§39①	占用料の徴収			○			○		
§39の2①	入札占用指針の策定（§91②準用）			○	○			○	
§39の2⑥	入札占用指針についての市町村長への意見聴取（§91②準用）			○				○	
§39の2⑦	入札占用指針の公示		○				○		
§39の4①	入札占用計画提出者に対する占用入札参加の可否の通知（§91②準用）			○				○	
§39の4②	入札占用計画に係る警察署長協議		○				○		
§39の4③	占用入札の実施（§91②準用）			○				○	
§39の4④	落札者決定の決定（§91②準用）			○				○	
§39の4⑤	落札者決定の通知（§91②準用）			○				○	
§39の5①	入札占用計画の認定		○				○		
§39の5②	入札占用計画の認定の公示		○				○		
§39の6①	入札占用計画の変更の認定（§91②準用）			○				○	
§39の6②	入札占用計画の変更に係る警察署長協議		○				○		
§39の6④	入札占用計画の変更の認定の公示（§91②準用）		○				○		
§40②	原状回復等に関する指示（§91②準用）			○	○			○	
§42①	道路の維持又は修繕		○				○		
§43の2	車両の積載物の落下の予防等の措置		○				○		
§44①	沿道区域の指定		○				○		
§44②	沿道区域の公示		○				○		
§44④	沿道区域における損害予防措置命令（§91②準用）		○				○		
§44の2①～⑤	違法放置物件の処理（§91②準用）		○				○		
§44の2⑦	負担金の徴収						○		
§45①	設置すべき道路標識又は区画線の決定		○				○		
	道路標識又は区画線の設置		○						
§46①	通行の禁止又は制限		○				○		
§47③	通行の禁止又は制限		○						
§47の2①、②	特殊車両通行許可、他の道路管理者への協議・同意		○				○		
§47の2⑤	特殊車両通行許可証の交付		○				○		
§47の3②	限度超過車両の通行を誘導すべき道路の指定に係る協議		○				○		
§47の3④、⑤	許可基準等の提供		○				○		
§47の3⑨	情報の提供の要求		○				○		
§47の4①	車両の通行に関する措置命令		○				○		
§47の5	設置すべき道路標識（通行禁止・制限）の決定		○				○		
	道路標識（通行禁止・制限）の設置		○						
§47の6③～⑥	市町村による歩行安全改築の要請		/	/	/	/	/	/	/
§47の7	道路の立体的区域の決定等		○				○		
§47の8①	道路一体建物に関する協定の協議・締結		○				○	○	○
	道路一体建物の管理		○				○		
§47の8②	協定の締結に関する公示		○				○		
§47の11①	道路保全立体区域の指定		○				○		
§47の11③	道路保全立体区域の公示		○				○		

2. 読替表・権限代行の概要

令§4の2① (法§27②) (法§17④)	令6② (法§27②)	令6④ (法§27②)	令§4の3① (法§27③) (法§17⑥)	令§6① (法§27③)	令§6③ (法§27③)	法§8	法§8②	法§8③	法§8④ 法§9⑩	§30①	法§30②	法§25① (令§12)
都道府県			都道府県又は市町村			国土交通大臣、都道府県等						高速法
指定市以外の市町村			国土交通大臣			機構/会社 (○:機構/●:会社)						
歩道の新設等 (協議により代行する権限を決定)	代行者→管理者 (意見聴取)	代行者→管理者 (事後通知)	都道府県道等を構成する施設等の改築等 (協議により代行する権限を決定)	代行者→管理者 (意見聴取)	代行者→管理者 (事後通知)	高速道路の新設等	代行者→管理者 (事前承認・事後報告 *1)	代行者→管理者 (意見徴取・事後通知 *1) ※自動車専用道路等	機構→会社 会社→機構 (意見徴取・事後通知)	管理者→代行者 (意見聴取)	管理者→代行者 (事後通知)	技術的読替え
管理者	代行者			管理者	代行者		管理者	代行者				
	○				○		―	―				○
	○*2				○*2		―	―				○
	○		○				○*3					○
	○		○	○		○		○				○
							○					
○			○									○
	○			○			○		○			○
	○		○				○		○			○
	○			○			○		○			○
	○		○				○		○			○
	○			○			○		○			○
○						○						
	○		○				○		○			○
○						○						○
	○	○		○			●*3					
○							○			○	○	
○			○			○						
○			○				○		○			
							●		●			
	○		○			○			○			
	○	○	○				○		○			
	○						●		●			
○			○									
	○		○				○					
	○						○		○			
○			○				○		○			
○							○		○			
○			○				○		○			
○							○		○			
○			○				○					
	○	○					○		○			
	○						●		●			
○			○				○*3					
○	○	○	○	○	○		○					
	○						●					
○			○			○						
○			○			○				○	○	
○			○			○						

109

第5章　関係法令・通達集

道路管理者の権限一覧

条文	内容	道路法 令§1の2① (法§13②) 道路管理者（管理者）: 国土交通大臣 / 権限代行者（代行者）: 都道府県又は指定市 / 指定区間内国道の管理 管理者	受任者	令§1の2② (法§13②) 受任者→管理者 (事後報告)	令§1の3① (法§13②) 管理者→受任者 (意見聴取)	令§1の3② (法§13②) 管理者→受任者 (事後通知)	令§4① (法§27①,§12,§13③) 道路管理者（管理者）: 都道府県又は指定市 / 権限代行者（代行者）: 国土交通大臣 / 指定区間外国道の新設等 管理者	代行者	令§6① (法§27①) 代行者→管理者 (意見聴取)	令§6③ (法§27①) 代行者→管理者 (事後通知)
§48②	道路保全立体区域内における損害予防措置命令（§91②準用）	○					○			
§48④	道路保全立体区域内における行為中止命令等（§91②準用）	○					○			
§48の2①、②	自動車専用道路の指定	○					○			
§48の2④	自動車専用道路の指定の公示	○					○			
§48の5①	連結許可（第1号）	○					○			
§48の5①	連結許可	○					○			
§48の5③	連結施設の構造変更許可	○					○			
§48の7①	連結料の徴収	○					○			
§48の9	連結施設の譲渡の承認	○					○			
§48の10	連結許可等の条件の付与	○					○			
§48の10	連結施設の譲渡の承認の条件の付与	○					○			
§48の11②	設置すべき道路標識（自専道の通行禁止・制限）の決定	○					○			
	道路標識（自専道の通行禁止・制限）の設置	○					○			
§48の12	違反行為に対する措置命令	○					○			
§48の13①〜③	自転車専用道路等の指定	○					○			
§48の13④	自転車専用道路の指定に関する市町村への協議	○					○			
§48の13⑤	自転車専用道路の指定の公示									
§48の14①、②	自転車専用道路と道路等との交差									
§48の15④	自転車専用道路における道路標識の設置									
§48の16	違反行為に対する措置									
§48の17①	利便施設協定の締結等	○					○		○	○
§48の18①、③	利便施設協定の公示・供覧等	○					○			
§48の20①	道路協力団体の指定	○					○			
§48の20②	道路協力団体の指定に係る公示	○					○			
§48の20③	道路協力団体の名称等の変更の届出の受理	○					○			
§48の20④	道路協力団体の名称等の変更の公示	○					○			
§48の22①	道路協力団体に対する報告徴収	○					○			
§48の22②	道路協力団体に対する業務改善命令	○					○			
§48の22③	道路協力団体の指定の取消し	○					○			
§48の22④	道路協力団体の指定の取消しに係る公示	○					○			
§48の23	道路協力団体に対する情報の提供等	○					○			
§48の24	道路協力団体の行う工事に係る協議	○						○		
	道路協力団体の行う維持に係る協議	○						○		
	道路協力団体の行う占用に係る協議		○	○*7		○		○		○*7
§54の2①	共同管理施設の費用の分担方法等についての協議							○		
§58	負担金の徴収							○		
§59	負担金の徴収							○		
§60	負担金の徴収							○		
§61	負担金の徴収							○		
§62	負担金の徴収							○		
§64	占用料等の帰属			○*4				○		
§66①	他人の土地への立ち入り等							○		
§67の2①〜⑤	長時間放置された車両の移動等	○					○			
§68①	土地の一時使用等							○		
§68②	災害現場に在る者等を防御に従事させるための指示							○		

2. 読替表・権限代行の概要

令§4の2① (法§27②) (法§17④)	令6② (法§27②)	令6④ (法§27②)	令§4の3① (法§27③) (法§17⑥)	令§6① (法§27③)	令§6③ (法§27③)	[参考] 特措法 法§8		法§8② (法§27③)	法§8③	法§8④ 法§9⑩	§30①	§30②	高速法 法§25① (令§12)
都道府県			都道府県又は市町村			国土交通大臣、都道府県等							
指定市以外の市町村			国土交通大臣			機構/会社 (○:機構/●:会社)							
歩道の新設等 (協議により代行する権限を決定)	代行者→管理者 (意見聴取)	代行者→管理者 (事後通知)	都道府県道等を構成する施設等の改築等 (協議により代行する権限を決定)	代行者→管理者 (意見聴取)	代行者→管理者 (事後通知)	高速道路の新設等		代行者→管理者 (事前承認・事後報告)*1 ※高速自動車国道	代行者→管理者 (意見聴取・事後通知)*1 ※自動車専用道路等	機構→会社 会社→機構 (意見聴取)	管理者→代行者 (意見聴取)	管理者→代行者 (事後通知)	技術的読替え
管理者	代行者					管理者	代行者						
○			○				○			○			
○			○				○			○			
○			○			○					○	○	
○			○			○							
○			○			○					○	○	
○			○				○	○	○	○			
○			○				○						
○			○				○						
○			○				○						
○			○				○						
○			○				●			●			
○			○										
○			○										
	○	○		○	○	○							
○			○			○							
	○	○		○	○	○					○	○	
○			○			○							
○			○			○							
						○					○	○	
	○	○		○	○	○					○	○	
○			○			○							
						○					○	○	
				○		○							
				○		○							
		○*7			○*7	○		○	○	○			
○			○			○							
	○			○									
	○			○									
	○			○									
	○			○									
	○			○									
	○*3			○		○*3							
	○				○								
	○				○		○			○			
							●			●			
	○			○		○							
	○			○		○							

111

第5章 関係法令・通達集

			道路法						
道路管理者の権限一覧			令§1の2① (法§13②)	令§1の2② (法§13②)	令§1の3① (法§13②)	令§1の3② (法§13②)	令§4① (法§12,§13③)	令§6① (法§27①)	令§6③ (法§27①)
		道路管理者（管理者）	国土交通大臣				都道府県又は指定市		
		権限代行者（代行者）	都道府県又は指定市				国土交通大臣		
条文	内容		指定区間内国道の管理	受任者→管理者(事後報告)	管理者→受任者(意見聴取)	管理者→受任者(事後通知)	指定区間外国道の新設等	代行者→管理者(意見聴取)	代行者→管理者(事後通知)
			管理者 / 受任者				管理者 / 代行者		
§69	損失補償についての協議及び損失の補償						○		
§70	損失補償についての協議等						○		
§71①	監督処分（占用に係る事項）			○	○		○		○
	監督処分（上記以外）		○				○		
§71②	工事等の理由による監督処分		○		○	○	○		
§71③前段	代執行		○				○		
§71④	道路監理員の任命、監督処分の委任		○				○		
§72①	監督処分に伴う損失の補償		○				○		
§72の2	限度超過車両を所有・通行させる者に必要な報告の指示		○				○		
	職員による立入検査		○				○		
§73①	負担金、占用料等の督促			○			○		
§73	手数料及び延滞金の徴収		○				○		
§73③	負担金、占用料等の強制徴収			○			○		
§76	報告の提出								
§87①	道路管理者以外の者の行う工事の承認に必要な条件の付与		○				○		
§91④	道路予定区域内の土地形質変更等の許可		○				○		
§92④	不用物件の交換等		○				○		
§93	不用物件の使用		○				○		
§95の2	都道府県公安委員会の意見聴取・通知、協議（自専道指定を除く）		○				○		

＊1：道路の構造又は交通に及ぼす支障が大きいと認められる道路の占用で政令で定めるものを除く
＊2：道路法§38①の補助的な権限であるため、読替えで対応している
＊3：技術的読替え等により行うこととされているもの
＊4：道路法§64の規定により、受任者に帰属する
＊5：横断歩道橋の設置、道路の交差部分及びその付近の道路の部分の改築、歩行安全改築若しくは道路の附属物である自動車駐車場の設置に係るものを除く
＊6：§24に係るもののみ
＊7：協議の成立に係るもののみ

2．読替表・権限代行の概要

						[参考] 特措法					高速法
令§4の2① (法§27②) (法§17④)	令6② (法§27②)	令6④ (法§27②)	令§4の3① (法§27③) (法§17⑥)	令§6① (法§27③)	令§6③ (法§27③)	法§8	法§8②	法§8③	法§8④ 法§9⑩	§30①	§30②	法§25① (令§12)
都道府県			都道府県又は市町村			国土交通大臣、都道府県等						
指定市以外の市町村			国土交通大臣			機構/会社 (○:機構/●:会社)						
歩道の新設等(協議により代行する権限を決定)	代行者→管理者(意見聴取)	代行者→管理者(事後通知)	都道府県道等を構成する施設等の改築等(協議により代行する権限を決定)	代行者→管理者(意見聴取)	代行者→管理者(事後通知)	高速道路の新設等	代行者→管理者(事前承認・事後報告*1)※高速自動車国道等	代行者→管理者(意見聴取・事後通知*1)※自動車専用道路等	機構→会社 会社→機構(意見聴取・事後通知)	管理者→代行者(意見聴取)	管理者→代行者(事後通知)	技術的読替
管理者	代行者			管理者	代行者		管理者	代行者				
○				○			○					
○		○		○	○		○		○	○	○	○
○*6				○								
○	○			○	○		○		○			○
○				○			○					
○			○			—	○*3					○
○			○				○*3		○			
			○				○	○	○	○		
			○				○*3					
	○		○				○*3					
	○		○				○*3					
	○			○			○					
							○					
○				○			●*3					
○				○			●*3					
	○			○		○*5	●					

113

3．施行通知

踏切道改良促進法等の一部を改正する法律の施行について（道路法等の改正関係）（平成28年4月1日、国土交通省道路局長発、各都道府県知事、北海道開発局長、沖縄総合事務局長、各地方整備局長、独立行政法人日本高速道路保有・債務返済機構、各高速道路株式会社宛）

〈施行通知の概要〉

1　制度の趣旨及び目的について（P.115）
　・ ボランティア・サポート・プログラム等の取組が講じられる中、民間団体の活動内容は、道路の清掃、歩道等のバリアフリー化等多岐にわたっており、また、昨今ではシェアサイクルの運営、オープンカフェの設置等のニーズも拡大。こうしたニーズを<u>道路管理の適正化・充実と道路空間の活用推進に生かし、地域の実情に応じた道路管理の充実を図る。</u>

2　道路協力団体の指定等について（P.116）
　・ 道路法第28条の2の<u>協議会を活用した道路管理者間の連携等により、道路協力団体が面的な活動を行うことを想定。</u>

3　道路協力団体の業務について（P.117）
　・ 道路協力団体が行う業務について、法第48条の21各号の業務毎に例示列挙。（例：シェアサイクル、オープンカフェ、道路の不具合箇所等の発見及び道路管理者への通報等）

4　道路協力団体の監督、助言等について（P.119）
　・ 道路協力団体の活動促進、適正かつ確実な業務実施等のため、指導・助言・報告徴収、指定の取消し等を実施可能。

5　道路協力団体の行う行為に係る承認工事、占用許可等の特例につ

いて（P.119）
・　特例は、従来の承認等に係る要件を踏まえつつも、道路協力団体の活動内容等を勘案しながら、柔軟に対応していくことを可能とすることを目的。
・　道路協力団体がその業務として行う行為の全てが特例の対象となるが、道路利用者等の利便の増進のための活動を通じて利益を得る場合については、その利益を道路管理に充当することを担保するため、道路の維持等を行う道路協力団体が行う占用に限って特例を適用。

1　制度の趣旨及び目的について

　昨今、道路空間を主な活動の場として、特定非営利活動法人、町内会等の多くの民間団体が、道路の清掃、花壇の整備等に自発的に取り組んでいる。

　具体的には、指定区間内の国道における『ボランティア・サポート・プログラム』、それ以外の都道府県又は市町村が管理する道路におけるいわゆるアダプト制度、という位置づけの中で様々な取組が講じられてきていたところである。

　こうした中で、民間団体の活動内容は、先に述べた道路の清掃等のほか、歩道等のバリアフリー化等の道路に直接手を加えるもののほか、通学路等の安心・安全確保のためのワークショップの開催、道路の不具合箇所等の発見及び通報等多岐にわたっている。

　さらに、道路空間を活用した賑わいの創出や良好な景観の形成など快適な空間づくりを通じて地域の価値・魅力の向上を図ることの重要性が高まる中、シェアサイクルの運営、道の駅を活用したイベント開催、オープンカフェや案内看板等の設置等に対するニーズも拡大しているところである。

　こうした取組は、一律に規制するよりも、民間団体と道路管理者の連携を深化させる観点から、道路空間を活用した収益事業の民間開放と合わせて公的活動への参画を担保することにより、民間団体のニー

ズに裏付けられた活力を道路管理の適正化・充実と道路空間の活用推進に生かす道を啓くことが期待されるところである。

　今般、道路の清掃、花壇の整備等の活動はもちろんのこと、上記のような収益事業と合わせた公的活動についても、道路管理の充実に資するものであることから、当該活動を行う団体を道路協力団体として指定し、道路管理者と連携して活動する団体として法律上位置付けることにより、民間団体の自発的活動を促進し、地域の実情に応じた道路管理の充実を図ることとしたものである。

2　道路協力団体の指定等について（法第48条の20関係）

　道路協力団体の指定は、道路協力団体になろうとする者が道路管理者に対して行う申請により行われる。

　道路協力団体の指定の対象となる者は、3に掲げる業務を適正かつ確実に行うことができると認められる次の団体を対象としている。

(1) 法人

(2) 法人に準ずるものとして国土交通省令で定める団体

　　(2)の対象となる団体は、団体としての組織をそなえ、構成員の変更にもかかわらず団体そのものが存続することを担保するため、道路法施行規則（昭和27年建設省令第25号。以下「規則」という。）第4条の18において、法人でない団体であって、事務所の所在地、構成員の資格、代表者の選任方法、総会の運営、会計に関する事項その他当該団体の組織及び運営に関する事項を内容とする規約その他これに準ずるものを有している団体としている。

　なお、道路協力団体は、3に掲げる業務を適正かつ確実に行うことのできるものであればよく、実際の活動としてはこれらの業務の一部のみを行うことであっても差し支えない。

　また、規則第4条の19において、道路協力団体の指定は、道路協力団体が行う業務及び当該業務を行う道路の区間を明らかにして行うこととしている。道路の区間とは、必ずしも道路の一部でなければならないものではなく、当該道路の路線全体であってもよいことに留意されたい。もっとも、こうした道路の区域の明示は、道路の路線別や道

路管理者別といった分断された取組を促す趣旨のものではない。特に法第28条の2の規定による協議会等も活用した道路管理者間の連携等により、道路の路線や道路管理者の区別を超えた面的な活動が行われることも想定しており、こうした取組により、地域内における道路空間の使い方の検討、地域が抱える課題の解消への貢献等が一層進展することを期待するものである。

道路管理者が道路協力団体を指定したときには、当該道路協力団体の名称、住所及び事務所の所在地を公示することとしている。また、道路協力団体は、その名称、住所又は事務所の所在地を変更しようとするときは、あらかじめ、その旨を道路管理者に届け出なければならないこととするとともに、届け出を受けた道路管理者は、届けられた事項を公示しなければならないこととした。

なお、道路協力団体の指定の手続、申請書類、指定基準等については、別途通知する。

3　道路協力団体の業務について（法第48条の21関係）

道路協力団体は、指定した道路管理者が管理する道路について、以下の業務を行うこととしている。

(1) 道路管理者に協力して、道路に関する工事又は道路の維持を行うこと。
（例：道路の清掃、花壇整備、歩道の段差解消のためにステップの設置等の軽易な工事）

(2) (1)に掲げるもののほか、安全かつ円滑な道路の交通の確保又は道路の通行者若しくは利用者の利便の増進に資する工作物、物件又は施設（以下「物件等」という。）であって国土交通省令で定めるものの設置又は管理を行うこと。

　ここで、国土交通省令で定める物件等としては、規則第4条の20により、以下のものを規定している。

　ア　看板、標識、旗ざお、幕、アーチその他これらに類する物件又は歩廊、雪よけその他これらに類する施設で安全かつ円滑な道路の交通の確保に資するもの

（例：歩行者等の通行注意看板、案内板、街灯、歩廊）
　　イ　道路法施行令（昭和27年政令第479号。以下「令」という。）第7条第9号の自動車駐車場及び自転車駐車場で道路の通行者又は利用者の利便の増進に資するもの
　　　（例：小型モビリティ用駐車場、シェアサイクル駐輪場）
　　ウ　令第7条第12号の車輪止め装置その他の器具で道路の通行者又は利用者の利便の増進に資するもの（イに設けられるものを除く。）
　　　（例：シェアサイクル施設）
　　エ　広告塔又は看板で良好な景観の形成又は風致の維持に寄与するもの
　　　（例：掲示板）
　　オ　標識又はベンチ若しくはその上屋、街灯その他これらに類する工作物で道路の通行者又は利用者の利便の増進に資するもの
　　　（例：歩行者休息スペースやバス停等のベンチ及び上屋、案内板、街灯）
　　カ　食事施設、購買施設その他これらに類する施設で道路の通行者又は利用者の利便の増進に資するもの
　　　（例：オープンカフェ、マルシェ）
　　キ　集会、展示会その他これらに類する催し（道路に関するものに限る。）のため設けられ、かつ、道路の通行者又は利用者の利便の増進に資するもの
　　　（例：道路に関連したイベント開催に要する機材）
（3）道路の管理に関する情報又は資料を収集し、及び提供すること。
　　（例：道路の不具合箇所、不法占用物件等の発見及び道路管理者への通報）
（4）道路の管理に関する調査研究を行うこと。
　　（例：交通量調査、道の駅の利用者ニーズ調査）
（5）道路の管理に関する知識の普及及び啓発を行うこと。
　　（例：通勤・通学の安全確保に関する意見交換、占用許可制度に関する啓発活動、無電柱化等の施策に関するワークショップの開催）

(6) (1)～(5)に掲げる業務に附帯する業務を行うこと。

4　道路協力団体の監督、助言等について（法第48条の22及び第48条の23関係）

　道路協力団体の活動を促進するために、道路管理者から道路協力団体に対して、業務に関し必要な情報の提供、指導又は助言をすることとしている。

　また、道路協力団体の業務が適正かつ確実に実施されるよう、道路管理者が必要に応じて監督等を行うことを規定している。道路管理者は、道路協力団体の業務の適正かつ確実な実施を確保するため必要があると認めるときは、道路協力団体に対して、その業務に関する報告を求めることができる。また、業務を適正かつ確実に実施していないと認めるときは、業務の運営の改善に関し必要な措置を講ずべきことを命令することができ、さらに、当該命令に違反したときは、その指定を取り消すことができることとしている。

5　道路協力団体の行う行為に係る承認等の特例について（法第48条の24関係）

　道路協力団体の活動を促進するために、道路協力団体が3に掲げる業務として行う行為に対して、道路に関する工事若しくは道路の維持（法第24条本文）又は道路の占用（法第32条第1項又は第3項）を、道路協力団体と道路管理者との協議が成立することをもって、承認又は許可があったものとみなすこととする特例を設けている。

　これは、従来の承認や許可に当たって求めている要件を踏まえつつも、道路協力団体の活動内容等を勘案しながら対応していくことを可能とするため、円滑で柔軟な手続きとすることとしたものである。

　特例の対象となる行為を、規則第4条の21において、法の関係条項ごとに、以下のように具体的に規定している。なお、いずれの行為も道路協力団体が指定の際に行うこととした業務の中で、当該業務を行う道路の区間において行うものに限ることとしている。

(1) 法第24条本文の規定による承認

特例の対象となる行為は、花壇その他道路の緑化のための施設の設置、道路の交通に支障を及ぼしている構造上の原因の一部を除去するために行う突角の切取りその他の道路に関する工事又は除草、除雪その他の道路の維持である。これらは例示であり、承認対象となるのは道路協力団体が行う道路に関する工事又は道路の維持の全てであることに留意されたい。

(2) 法第32条第1項又は第3項の規定による許可
特例の対象となる行為は、次に掲げるものに係る道路の占用である。
① 工事用施設、工事用材料その他これらに類する工作物、物件若しくは施設で道路に関する工事又は道路の維持のためのもの
（例：歩道のバリアフリー化等に当たって必要な工事用材料）
② 規則第4条の20各号に掲げる工作物、物件又は施設
③ 看板、標識その他これらに類する物件で道路の管理に関する情報若しくは資料の収集及び提供、調査研究若しくは知識の普及及び啓発のためのもの
（例：占用制度の普及啓発用看板、通学路等の交通安全啓発看板）
また、②のうち規則第4条の20第2号から第7号までに掲げる物件等に係る道路の占用に当たっては、3(1)に掲げる道路に関する工事又は道路の維持を行う道路協力団体が行うものに限ることとしている。これは、道路利用者等の利便の増進のための活動を通じて利益を得る場合、その利益について、地域の道路の清掃や植樹等に充当することにより、地域の賑わい創出と併せて、道路空間の価値向上を実現することを期待したものである。

6 踏切道の改良への協力について（法第48条の25関係）

道路協力団体となることが見込まれる者は道路の清掃、花壇の整備、道路の損傷・不具合箇所の発見・道路管理者への通報等、地域の特性を踏まえつつ道路に関する工事、道路の維持等の業務を行うものである。他方、踏切道における人身事故の被害者の多くが地域を通行

する歩行者であること、また、踏切道を原因とした道路の渋滞等が地域の社会面、環境面等に悪影響を与えていることに鑑みれば、踏切道における安全かつ円滑な交通の確保のための対策は地域における重要課題の一つであり、道路協力団体の活動との親和性が高い。

さらに、昨今の民間団体の活動を見ると、歩道のバリアフリー化、カラー舗装等、踏切道の改良に活用できる相当のノウハウを有しているものも存在することから、道路協力団体は、鉄道事業者及び道路管理者による踏切道の改良に協力することが期待される。

このため、踏切道改良促進法等の一部を改正する法律（平成28年法律第19号）による改正後の踏切道改良促進法第4条第1項の地方踏切道改良計画又は同法第5条第1項の国踏切道改良計画には、鉄道事業者及び道路管理者が実施する踏切道の改良に道路協力団体の協力が必要な事項を記載することができることとするとともに、その場合には、道路協力団体は、当該地方踏切道改良計画又は当該国踏切道改良計画に基づき、踏切道の改良に協力することを義務付けることとした。

なお、道路協力団体が踏切道の改良に協力して実施することが期待される取組としては、カラー舗装の実施、踏切事故の防止のための注意看板の設置、迂回路の案内等の情報提供、啓発活動等が考えられる。

7 今後の施行予定について（不法占用物件対策及び立体道路制度関係）

改正法のうち、法における不法占用物件対策の強化及び立体道路制度の活用促進関係に関する規定については、平成28年3月31日の公布の日から起算して6月を超えない範囲内において政令で定める日から施行されることとされている。これらの規定の施行に当たっては、今後、別途通知する。

第5章　関係法令・通達集

参考　占用の特例物件

	道路法 第33条第2項第1号	道路法 第33条第2項第2号	道路法 第33条第2項第3号
電柱、電線、変圧塔、郵便差出箱、公衆電話所、広告塔その他これらに類する工作物	×	×	○ (歩行者の休憩の用に供するベンチ又はその上屋 花壇その他道路の緑化のための施設)
水管、下水道管、ガス管その他これらに類する物件	×	×	×
鉄道、軌道その他これらに類する施設	×	×	×
歩廊、雪よけその他これらに類する施設	×	×	○ (歩行者又は自転車の安全かつ円滑な通行を確保するためのアーケード)
地下街、地下室、通路、浄化槽その他これらに類する施設	○	○	×
露店、商品置場その他これらに類する施設	○	○	×
看板、標識、旗ざお、パーキング・メーター、幕及びアーチ	○	○	×
太陽光発電設備及び風力発電設備	○	○	×
津波からの一時的な避難場所としての機能を有する堅固な施設	○	○	×
工事用板囲、足場、詰所その他の工事用施設	○	○	×
土石、竹木、瓦その他の工事用材料	○	○	×
耐火建築物の工事期間中既存建築物に替えて必要となる仮設店舗その他の仮設建築物	○	○	×

3．施行通知

国家戦略特別区域法 第17条	都市再生特別措置法 第62条	中心市街地の活性化に関する法律第41条	石油パイプライン事業法第35条	首都直下地震対策特別措置法第19条
○ (広告塔ー良好な景観の形成又は風致の維持に寄与するもの又は競技会、集会、展示会、博覧会その他これらに類する催し（国際的な経済活動に関連する相当数の居住者、来訪者又は滞在者の参加が見込まれるものに限る。）のため設けられ、かつ、道路の通行者又は利用者の利便の増進に資するもの ベンチ、街灯その他これらに類する工作物で道路の通行者又は利用者の利便の増進に資するもの又は競技会、集会、展示会、博覧会その他これらに類する催し（国際的な経済活動に関連する相当数の居住者、来訪者又は滞在者の参加が見込まれるものに限る。）のため設けられ、かつ、道路の通行者又は利用者の利便の増進に資するもの)	○ (広告塔ー良好な景観の形成又は風致の維持に寄与するもの)	○ (広告塔ー良好な景観の形成又は風致の維持に寄与するもの)	×	×
×	×	×	○	×
×	×	×	×	×
×	×	×	×	×
×	×	×	×	×
○ (競技会、集会、展示会、博覧会その他これらに類する催し（国際的な経済活動に関連する相当数の居住者、来訪者又は滞在者の参加が見込まれるものに限る。）のため設けられ、かつ、道路の通行者又は利用者の利便の増進に資するもの)	×	×	×	×
○ (看板ー良好な景観の形成又は風致の維持に寄与するもの 標識ー道路の通行者又は利用者の利便の増進に資するもの 全てー競技会、集会、展示会、博覧会その他これらに類する催し（国際的な経済活動に関連する相当数の居住者、来訪者又は滞在者の参加が見込まれるものに限る。）のため設けられ、かつ、道路の通行者又は利用者の利便の増進に資するもの)	○ (看板ー良好な景観の形成又は風致の維持に寄与するもの)	○ (看板ー良好な景観の形成又は風致の維持に寄与するもの)	×	○ (看板又は標識ー円滑な避難又は緊急輸送の確保に寄与するもの)
×	×	×	×	×
×	×	×	×	×
×	×	×	×	×
×	×	×	×	×
×	×	×	×	×

第5章　関係法令・通達集

	道路法 第33条第2項第1号	道路法 第33条第2項第2号	道路法 第33条第2項第3号
施設建築物に入居することとなるものを一時収容するため必要な施設又は防災街区整備事業の施行後に当該施行区域内に居住することとなるものを一時収容するため必要な施設	○	○	×
高速自動車国道及び自動車専用道路以外の道路若しくは自動車専用道路の連結路附属地に設ける食事施設、購買施設その他これらに類する施設	○	○	×
トンネルの上又は高架の道路の路面下に設ける事務所、店舗、倉庫、住宅、自動車駐車場、自転車駐車場、広場、公園、運動場その他これらに類する施設	○	○	○ (高架の道路の路面下に設ける自転車駐車場であつて、自転車の安全利用の促進及び自転車等の駐車対策の総合的推進に関する法律第7条第1項に規定する総合計画にその整備に関する事業の概要が定められたもの)
事務所、店舗、倉庫、住宅その他これらに類する施設及び自動車駐車場	○	○	×
応急仮設建築物で、被災者の居住の用に供するため必要なもの	○	○	×
道路の区域内の地面に設ける自転車、原動機付自転車又は小型自動車若しくは軽自動車で二輪のものを駐車させるため必要な車輪止め装置その他の器具	○	○	×
高速自動車国道又は自動車専用道路に設ける休憩所、給油所及び自動車修理所	○	○	×
条件	高架の道路の路面下に設けられる工作物又は施設で、当該高架の道路の路面下の区域をその合理的な利用の観点から継続して使用するにふさわしいと認められるもの	高速自動車国道又は第48条の4に規定する自動車専用道路の連結路附属地に設けられるこれらの道路の通行者の利便の増進に資する施設で、当該連結路附属地をその合理的な利用の観点から継続して使用するにふさわしいと認められるもの	並木、街灯その他道路の管理上当該道路の区域内に設けることが必要なものとして政令で定める工作物又は施設で、道路交通環境の向上を図る活動を行うことを目的とする特定非営利活動促進法(平成10年法律第7号)第2条第2項に規定する特定非営利活動法人その他の営利を目的としない法人又はこれに準ずるものとして国土交通省令で定める者が設けるもの

3．施行通知

国家戦略特別区域法第17条	都市再生特別措置法第62条	中心市街地の活性化に関する法律第41条	石油パイプライン事業法第35条	首都直下地震対策特別措置法第19条
×	×	×	×	×
○ (道路の通行者又は利用者の利便の増進に資するもの)	○ (道路の通行者又は利用者の利便の増進に資するもの)	○ (道路の通行者又は利用者の利便の増進に資するもの)	×	×
×	×	×	×	×
×	×	×	×	×
× (道路法施行令第11条の9第1項に規定する自転車駐車器具で自転車を賃貸する事業の用に供するもの)	× (道路法施行令第11条の9第1項に規定する自転車駐車器具で自転車を賃貸する事業の用に供するもの)	× (道路法施行令第11条の9第1項に規定する自転車駐車器具で自転車を賃貸する事業の用に供するもの)	×	×
×	×	×	×	×
産業の国際競争力の強化及び国際的な経済活動の拠点の形成に寄与し、道路の通行者又は利用者の利便の増進に資するものとして政令で定めるもの	都市の再生に貢献し、道路の通行者又は利用者の利便の増進に資するもの	中心市街地の活性化に寄与し、道路（同法による道路に限る。第41条において同じ。）の通行者又は利用者の利便の増進に資するもの	石油パイプライン事業の用に供する導管	首都中枢機能の維持を図るためのものとして政令で定めるもの

125

4．（参考）先進事例

○道を活用した地域活動の円滑化のためのガイドライン―改訂版―

平成28年3月
国土交通省道路局

目　次

1. ガイドライン改定の背景

2. 道を活用した地域活動の基本的考え方

　(1) 対象とする地域活動

　(2) 地域活動の基本的考え方

3. 道を活用した地域活動の進め方

　(1) 地域活動内容の決定

　(2) 地域活動の実施組織

　(3) 地域活動に必要な許可

　(4) 実施期間

　(5) 収益活動を含む地域活動の実施形態

　(6) 広告料収入の活用

参考資料1　地域活動を実施する際の具体的な許可手続

参考資料2　道路占用許可の特例制度

参考資料3　道を活用した地域活動の事例

4．（参考）先進事例

1．ガイドライン改定の背景

> 　近年、地域の賑わい創出のためのイベントの場やオープンカフェとしての道路の利用など、道路空間の活用への期待が高まっています。
> 　本ガイドラインは、地方公共団体やエリアマネジメント団体などの地域活動を行う方々に活用していただくことを念頭に、地域活動を円滑に実施するための手法をとりまとめた平成17年のガイドラインを、その後の制度改正、検討結果を踏まえて見直したものです。

　近年、道路空間を活用して継続的・反復的にオープンカフェなどが展開され、観光の目玉として賑わいを見せるとともに、地域の活性化にも寄与している例が増えており、民間事業者のビジネスチャンスとしても注目されてきています。
　国土交通省としても、道路の利活用に対する社会のニーズに応え、地域や民間の創意工夫により道路空間をより充実したものとするため、道路占用制度の見直しを進めるとともに、警察庁とも連携して、地域の合意等を前提とした道路空間の多様なあり方について取組みを進めてきました。
　こうした道路の利活用ニーズの多様化や地域活性化に資するという期待、それらに対する国土交通省や警察庁における取組みを背景として、「規制改革に関する第3次答申」（平成27年6月）及び「規制改革実施計画」（平成27年6月閣議決定）において、道路の利活用を促進するため、制度の仕組みや活用例を広く周知することが示されました。
　国土交通省としては、民間事業者のビジネスチャンスのみならず、地域の賑わい創出や沿道の景観向上など、地域住民や道路利用者にとっても多くのメリットが期待される、道路空間を活用した地域活動を一層推進することとしています。
　本ガイドラインは、「道を活用した地域活動の円滑化のためのガイドライン」（平成17年3月）に、その後10年間の制度改正の結果を盛り込み、地域活動を活発に、しかも円滑に実施するための手法をとりまとめたものです。

2．道を活用した地域活動の基本的考え方

(1) 対象とする地域活動

> 　道を活用した地域活動には、収益活動や非収益活動、両方の活動を組み合わせたものなどがあります。
> 　本ガイドラインではこれらの活動全てを対象としています。

　道を活用した地域活動には、

- オープンカフェ
- コミュニティサイクル
- 街路市

のように、いわゆる収益活動と、

- 歩行者天国
- 祭り、パレード、ストリートライブ

のように、主に収益活動でないものがあります。

　これらは活動の成立ちや規模、実施期間などについて様々なものがあり、また、上に挙げたものが組み合わさっている場合もあり、地域の実情によってそのあり方はきわめて多様です。

　本ガイドラインは、地域のニーズや実情に応じて道路をより柔軟に活用し、継続的・反復的な地域活動を推進する観点から、このような活動を円滑に進められるよう、活動の企画、実施の際に参考となるいくつかのポイントを整理しています。

（2）地域活動の基本的考え方

> 　地域活動の実施に当たっては、道路が公共の財産であることや、道路上への物件の設置が一般交通の支障となるおそれがあることなどから、
> 　① 公共性・公益性への配慮
> 　② 地域における合意形成
> などに留意した取組みを行うことが必要です。

　「背景」に述べたとおり、国土交通省では、道を活用した地域活動を推進することとしています。地域活動を推進するためには、民間の活力を活用することが地域の賑わい創出にとって有効ですが、道路は国民の負担により建設・維持管理される公共の財産であり、また、道路上へ物件を設置すると一般交通の支障となるおそれがありますので、道を活用した地域活動の実施に当たっては、主として二つの点に十分な配慮が必要です。

　その一つは公共性・公益性に配慮することです。公共性・公益性の観点から、官民が連携して、特定の者の利害とならないようにする必要があります。

　もう一つは地域における合意形成です。地域活動には参加者はもちろん、他の道路利用者、沿道住民、沿道店舗など多数の関係者がいますので、これらの関係者の間で十分な合意形成を図ることが必要です。地域の合意形成を確実に行うことによって、地域活動がより円滑に進められます。

　なお、公共性・公益性や地域の合意形成などに留意することは、地域活動の内容や実施組織などを工夫することにより実現できると考えられますので、これらについて、次の「道を活用した地域活動の進め方」において具体的に説明していくこととします。

4．(参考）先進事例

3．道を活用した地域活動の進め方

(1)地域活動内容の決定

> 効果的な地域活動を行うためには、地域の特徴や課題などを踏まえて、活動内容を考える必要があります。
> その際、地域の賑わい創出などの効果ばかりではなく、交通渋滞の発生など想定される問題に対する配慮が求められます。また、道路美化活動や放置自転車対策などの公益活動をあわせて実施することにより、地域の合意形成や他の道路利用者の理解が得やすくなると考えられます。

どのような地域活動を行うのかを考える際、ヒントとなる地域の特徴や課題としては以下のようなものが考えられます。
○地域の特徴
- 風情のある建物が集積している
- 近隣に観光スポットがある
- アーケードのある大型の商店街がある　など

○地域の課題
- 郊外店舗の出店により中心市街地の活気が無くなっている
- 駅から少し離れた立地の商店街である
- 歩行者は多いが滞在する場所がない　など

これらの特徴を生かし課題を解決するため、例えば、
- 中心市街地に賑わいを取り戻すため、道を活用したイベントを開催する
- 観光客を増加させるため、街の顔となるような観光スポットを形成する
- 歩行者が立ち止まって休息できるようなスペースやお店を設ける

というような目標が設定されます。この目標に合うように活動の内容や規模や期間、形態などが検討される必要があります。

また、地域活動を進めるに当たっては、地域の合意形成や他の道路利用者の理解が得られることが重要です。これには地方公共団体が作成するまちづくりに関する計画に、道を活用した地域活動を位置づけることが効果的であると考えられます。

また、以下のような事態に対し配慮することが必要です。
- 通行規制により交通渋滞が発生
- 歩行者の円滑な通行が妨げられる
- 周辺住民からの苦情（ゴミ、騒音など）
- 地域内での新たな利害対立の発生（通行形態の変化による客数の減少など）

それとともに、道路美化活動や放置自転車対策などの公益活動をあわせて実施することも、地域活動の円滑な推進に役立つと考えられます。

（2）地域活動の実施組織

> 道を活用した地域活動の実施組織としては、一定の公共性・公益性や地域住民などの合意形成に配慮し、地方公共団体や地域の関係者（地方公共団体を含む）からなる協議会、地方公共団体の後援・指定を受ける団体など、何らかの形で地方公共団体が関与する団体であることが円滑な活動につながると考えられます。

　道を活用した地域活動を行う際には、協議会や実行委員会などを構成して幅広く地域の住民・団体などの関係者の参画を得るとともに、地方公共団体が何らかの形で関与することが必要です。
　協議会などを構成する場合には、商工会議所やNPO、TMOなどが活動の中心となることも考えられますが、この場合においても、構成員の一つとして地方公共団体が参加することが望ましいと考えられます。
　しかし、必ずしも地方公共団体が中心となって活動するとは限りません。この場合、「地域が一体となって取り組む活動」ということを実施組織の面から打ち出すために、地方公共団体の後援を受ける、都市再生推進法人の指定を受けるなどの方法もあります。また、地方公共団体が作成するまちづくりに関する計画に、地域活動の実施組織として位置づけられることも考えられます。このように実施組織に何らかの形で地方公共団体が関与することにより、円滑な活動につながると考えられます。
　また、地域活動を円滑に実施するため、関係する道路管理者や所管の警察署と活動内容を適切に情報交換しながら進めていくことが重要です。

（3）地域活動に必要な許可

> 道を活用した地域活動を実施する際には、基本的に、道路占用許可、道路使用許可が必要です。また、地域活動の内容によっては、食品営業許可（飲食物を扱う場合）なども必要となります。

　道を活用した地域活動を行うに当たっては、基本的に、道路管理者の道路占用許可と警察の道路使用許可が必要です。また、食品などの販売を行う際には都道府県知事など（保健所）の食品営業許可も必要となります。
　許可手続を行うに当たっては、これら関係機関との調整が必要になりますが、活動内容の検討段階で十分な時間的余裕をもって事前相談を行い、意志疎通を図ることが重要です。

① 道路占用許可

　道路上に物件を設置し、継続して道路を使用する場合には、道路法第 32 条に基づき、道路管理者の許可が必要になります。

4．（参考）先進事例

② 道路使用許可
　イベントなどで道路を使用する場合には、道路交通法第 77 条に基づき、所轄警察署長の許可が必要になります。
　なお、①と②はいずれかの窓口に一括して申請することができます。
③ 食品営業許可
　飲食店や喫茶店などの営業を行う場合や乳類や魚介類などの販売を行う場合には、食品衛生法第 52 条に基づき、その営業所所在地を管轄する都道府県知事、もしくは保健所を設置する市の市長又は特別区の区長の許可が必要になります。

(4) 実施期間

> 　道を活用した地域活動の実施期間については、一時的なものはもちろん、継続的・反復的なものであっても実施することが可能です。

　地域活動の実施期間としては、一時的なものもあれば継続的・反復的なものもあります。活動の内容や規模によって、定期市や記念日のイベントなどのように実施の日が月や年の一定の日に決まっている、かなりの期間毎日実施されるなど、継続的・反復的といっても地域の実情に応じて様々なものがあります。
　地域の賑わいを創出するという観点からは、継続的・反復的なものの方が効果的といえます。しかし、継続的・反復的な活動は予算や実施体制など様々な制約があり、なかなか困難な場合が多いことが予想されます。そこで、当初の段階としては比較的短期間で実施し、次にその実施結果などを踏まえて適切に交通の円滑化を図るための方策を講じるというように、段階を踏んで進めていくことが活動のより円滑な実現につながると考えられます。

(5) 収益活動を含む地域活動の実施形態

> 　道を活用した地域活動における収益活動については、実施組織が直接行うこともありますが、参加者を募集して行う場合も想定されます。いずれの場合にも、
> 　① 参加者間の公平性が保たれること
> 　② 沿道の店舗と事前に調整し協力すること　など
> が重要です。

　地域活動に収益活動が含まれる場合、活動の主催者である協議会などが直接それを行うこともありますが、設備やノウハウなどを持った別の者に委ねることも考えられます。このような場合には、特定の者に利益が偏ることのないよう、収益活動を行う参加者を例えば公募などにより選定することが考えられます。

しかし、一般的には沿道店舗の協力や参加を得て収益活動を行う方法が考えられます。この場合も実施組織の中での合意を得ることがその前提となります。また、その他の場合でも沿道の店舗との事前調整が必要であることは言うまでもありません。

なお、収益活動を行う者については、地域合意の観点から、実施組織のメンバーに加わっていることが望ましいと考えられますが、もちろん実施組織のメンバー以外でも構いません。

また、実施組織以外の参加者が収益活動を行う場合には、運営経費などから算出された利用料や道路占用料の相当額とする利用料を徴収することも考えられます。

(6) 広告料収入の活用

> 道を活用した地域活動が公共的なものである場合、活動に要する財源の確保のため、路上広告物を設置し、広告料収入を活用することが可能です。その場合には、路上広告物の設置のあり方について、他の道路利用者の理解が得られることが必要です。

道を活用した地域活動の実施組織にとって、地域活動に要する財源を確保することが重要な課題です。特に、継続的・反復的な活動を行い、地域の賑わいの創出につなげるためには、安定的な財源の確保が求められます。財源確保の方法として、道路上に広告物を設置し、そこから得られる広告料収入を地域活動に要する費用に充当する方法が可能です。

ただし、道路は国民の負担により建設・維持管理される公共の財産であること、また、道路上に広告物を設置することにより、道路交通の安全に支障が生じる場合があり、景観などの観点からも良好な道路環境を阻害する場合もあることなどから、路上広告物の設置に当たっては、広告を置く場所や広告料収入の使いみちなどについて、他の道路利用者の理解が得られることが必要です。このとき、道路管理者や地方公共団体などからなる協議会の場で、道路に広告物を設置する場合の取扱いを定めることが効果的であると考えられます。

参考資料1

地域活動を実施する際の具体的な許可手続

1．道路占用許可
2．道路使用許可
3．食品営業許可

1．道路占用許可

（1）道路占用とは
　道路の占用とは、道路に一定の工作物、物件又は施設を設け、継続して道路を使用することをいいます。道路占用を行う際には、道路管理者による道路占用許可が必要となります。許可を受けるためには、事前に当該道路管理者への申請が必要です。道路占用許可の申請窓口は、一般的には、国道については国道事務所または出張所、都道府県道については都道府県土木事務所など、市町村道については市町村役場となっております。なお、国道であっても国が直接管理せず都道府県が管理している場合もありますので、国道事務所または出張所にお問い合わせ下さい。

（2）地域活動において占用許可を受けるもの
　道路法第 32 条第1項などには、設置に当たって占用許可を受けなければならない物件が列挙されています。地域活動に関わるものとしては、以下のようなものが挙げられます。

```
・広告塔          ・食事施設
・露店、商品置場  ・購買施設
・看板、旗ざお    ・自転車駐車器具
・幕、アーチ
```

　ここで列挙されているもののほか、『その他これらに類する物件』などの規定を活かして、道路管理者の判断により、地域活動に際して弾力的に許可が行われている物件も見られます。
　過去の活動事例で占用許可が認められたものとしては以下のようなものがあります。

```
・テント、パラソル    ・ステージ、やぐら、観客席
・テーブル、椅子      ・音響機材（スピーカーなど）
・電飾、提灯、ランプ  ・フェンス、コーン
・フラワーポット      ・ベンチ
```

（3）道路占用の許可基準
　道路占用許可は、道路管理者が道路法第 33 条第1項などにより、以下のような基準への適合を判断し、許可をすることとなっています。

- 占用許可の対象物件であること
- 道路の敷地外に余地がなくやむを得ないこと

4．（参考）先進事例

- 占用の期間や場所などに関する道路法施行令の基準に適合していること
- 一般原則に適合していること（公共性、安全性、計画性）

　地域活動においても、上記の基準に基づき、個別具体的に各道路管理者が判断し、道路占用を許可することになりますが、国土交通省においては、路上イベントが以下のようなものである場合には、地域の活性化などの観点から弾力的な判断を行うことにより、道路管理者として支援することとしています。

① 路上イベントの目的
　路上イベントは、地域の活性化や都市における賑わいの創出などの観点から、地方公共団体及び地域住民・団体などが一体となって取り組むもの（路上イベントについて、地方公共団体が実施するものでない場合や地方公共団体が協議会などに参加していない場合であっても、地域住民・団体などが一体となって取り組み、かつ、地方公共団体が、地域の活性化などの観点から当該路上イベントを支援するもの（支援する理由及び内容並びに当該路上イベントに係る占用の許可に関する意見を占用許可申請書に付しているもの）を含む。）であること。
② 占用主体
　路上イベントに伴う占用は、以下のいずれかの者が一括して占用するものであること。
　　イ　地方公共団体
　　ロ　地方公共団体を含む地域住民・団体等の関係者からなる協議会など
　　ハ　地方公共団体が支援する路上イベント（地方公共団体が支援する理由及び内容並びに当該路上イベントに係る占用の許可に関する意見を占用許可申請書に付しているもの）の実施主体
③ 占用の場所
　　イ　道路の構造又は道路交通に著しい支障を及ぼさない場所であること。
　　ロ　歩道上に路上イベントに伴う占用物件を設置する場合には、原則として、十分な歩行空間（交通量が多い場所にあっては3.5m以上、その他の場所にあっては2m以上）を確保すること。ただし、曜日若しくは時間を限って実施する場合又は交通規制を伴う場合で、歩行者の円滑な通行が確保される場合については、この限りではない。
④ 占用物件の構造
　道路の構造に支障を及ぼさないものであり、かつ、周辺の景観、美観などを妨げるものでないこと。

上記に該当しない場合であっても、個別具体の事例に応じて、実施主体などに対し

適切な助言、情報提供などを行い、道路占用の円滑化に配慮することとしていますので、時間的な余裕を持って事前に相談することが重要です。
　なお、道路占用の許可基準のうち、「道路の敷地外に余地がなくやむを得ないこと」という、いわゆる無余地性の基準がどうしても障害となる場合には、市町村が作成する都市再生整備計画に、道を活用した地域活動に使われる広告塔・看板、食事施設・購買施設、自転車駐車器具を道路に設置することを盛り込むことにより、それらの道路占用許可を行うに当たって無余地性の基準を適用しないこととする、都市再生特別措置法に設けられている道路占用許可の特例制度を活用することができます。同様の特例制度は、国家戦略特別区域法、中心市街地の活性化に関する法律においても設けられています。
　ただし、対象となる物件は、特例制度を活用せずとも、通常の占用許可によって設置が可能な場合もあることから、特例制度の活用に当たっては、その必要性を十分に検討すべきであると考えられます。
　また、国土交通省では、対象となる物件の設置に併せて、占用主体が、占用区域以外の除草、清掃、植樹の剪定など、道路の維持管理への協力を行うことを条件として、占用料を減額することとしています。

（4）道路占用許可の条件

　道路占用を許可するに当たって、道路管理者は、道路の構造の保全、交通の危険の防止、その他円滑な交通を確保するために、必要な条件を付すことができるとされています。（道路法第87条）
　代表的な条件として以下の項目が挙げられます。

- 迂回路や駐車場などの交通案内を行うこと
- 路上イベントにより多数の来客が見込まれる場合は、十分な駐車場などを確保すること
- 路上イベント終了後は、道路の清掃を行い、原状回復すること

　また、道路占用の内容によっては、次のような条件を付したものもあります。

- 関係車両の出入りについて、緊急自動車の支障とならないようにすること
- 占用物件は、信号機や道路標識と類似し、これらの効用を妨げ、またはその視認性を害するものではないこと
- 実施期間中において道路の要所へ交通誘導員を配置すること

　イベントなどの実施期間中は、歩道においては地域の活性化などのために活用される空間としての機能が大きく発揮されますが、同時に、歩行者の通行という道路本来の機能も必要とされます。
　よって、道路上の一定の場所・区間に多数の人々が集まることに伴う交通上の危険を防止し、円滑な通行を確保することや、イベント終了後の原状回復を適切に行う

4．（参考）先進事例

ための方策については、十分な注意を払う必要があるといえます。

（5）路上広告物の道路占用の取扱い

　道を活用した地域活動に要する財源として、道路上に広告物を設置し、そこから得られる広告料収入を活用することが考えられます。一方で、路上広告物の設置は、道路交通の安全及び良好な道路環境の整備上の支障を生じさせるおそれがあります。

　そこで、国土交通省では、営利目的の路上広告物の設置を原則として制限しつつ、広告料収入を地域における公共的な活動に要する費用に充当する目的であれば、路上広告物の設置を可能とすることにより、地域活動の実施主体を支援することとしています。

　路上広告物の設置に当たっては、他の道路利用者の理解を得るため、広告を設置する道路区域、広告料収入の充当対象、広告の設置主体、広告物の形態等について、道路管理者、警察署、地方公共団体などの関係機関の合意を得ることが効果的であると考えられます。国土交通省においては、関係機関による連絡協議会を開催して広告物の取扱方針を策定することができることとし、路上広告物の適切な活用を図っています。

　また、国土交通省においては、広告料収入を充当する活動として以下のものについて、それぞれに標準的な取扱例を定めていますが、その他の活動であっても、営利を主目的としない公共的な活動であれば、費用への充当は可能です。また、直接には道路に関しない活動を含んでいても差し支えありません。

- 街灯、自転車駐車器具、アーケード等の整備又は維持管理
- 地域の活性化や賑わい創出等の観点から地方公共団体等が実施するイベント
- 道路管理者が管理するベンチの整備又は維持管理

（6）道路占用許可の申請手続の簡素化・弾力化

　国土交通省においては、道を活用した地域活動を行うに当たって必要となる道路占用許可の手続について、警察庁とも連携して、以下のような簡素化・弾力化を図ることにより、道路管理者として、路上イベントの実施などを支援することとしています。

① 事前相談における助言
　多種多様な目的・形態が想定される路上イベント等の道路占用許可について、設置しようとする物件の概要、安全確保策などについて積極的に事前相談を受け、適切に助言を実施する。
② 道路占用許可申請書の一括化
　複数の露店、テーブル及び椅子などの物件が同一の主体の管理及び責任の下で設置される場合に、それらの物件をまとめて1枚の申請書に記載させて一括申請させることにより、図面等作成の労力を省力化する。

③ 更新手続書類の簡素化
　　占用許可期間が満了し、占用主体が引き続き同一の物件の占用を希望する場合に、前回申請時の図面を活用するなどにより、更新手続時に求める書類を簡素化する。
④ 道路使用許可との一括受付制度
　　オープンカフェの出店など、道路占用許可と道路使用許可の両方が必要となる場合に、道路法第32条第4項及び道路交通法第78条第2項の規定に基づき、道路管理者又は警察署長のいずれかが申請を一括して受け付けることにより、申請者の負担を軽減する。
⑤ 占用の期間の柔軟な取扱い
　　占用の期間について、継続的・反復的に路上イベントが開催される場合に、開催のたびに申請書の提出を求めるのではなく、例えば一定期間内の土曜日及び日曜日の特定の時間を許可期間とする占用許可を行うなどにより、申請者の負担を軽減する。

２．道路使用許可

（１）道路使用許可とは

　道路本来の用途に即さない道路の特別の使用行為で、交通の妨害となり、又は交通に危険を生じさせるおそれのあるものを行うことは一般的に禁止されていますが、このうち、それ自体社会的な価値を有するものについては、一定の要件を備えていれば、警察署長の行う道路の使用許可によってその禁止が解除されることになります。
　この道路使用許可が必要となる行為については、道路交通法第77条第1項に規定されている行為で、道路工事や祭礼行事等となります。
　なお、道路管理者が道路占用許可を与えようとする場合に、その許可に係る行為が道路使用許可も必要とするものであるときは、あらかじめ警察署長に協議しなければなりません。

道路交通法第77条第1項

1号：道路において工事若しくは作業をしようとする者又は当該工事若しくは作業の請負人
2号：道路に石碑、銅像、広告板、アーチその他これらに類する工作物を設けようとする者
3号：場所を移動しないで、道路に露店、屋台店その他これらに類する店を出そうとする者
4号：その他都道府県公安委員会の定める行為、例えば道路において祭礼行事等をしようとする者

4．（参考）先進事例

（2）道路使用の許可基準
道路交通法第77条第2項により、以下のいずれかに該当する場合は、所轄警察署長は道路使用を許可しなければならないとされています。

道路交通法第77条第2項

> 1号：当該申請に係る行為が現に交通の妨害となるおそれがないと認められるとき
> 2号：当該申請に係る行為が許可に付された条件に従って行われることにより交通の妨害となるおそれがなくなると認められるとき
> 3号：当該申請に係る行為が現に交通の妨害となるおそれはあるが公益上又は社会の慣習上やむを得ないものであると認められるとき

また、所轄警察署長において道路使用許可の判断を行うに当たっては、以下の点を考慮することとされています。

> イベント等の開催目的に加え、イベント等のために道路を使用することについての地域住民、道路利用者等の合意形成の状況を踏まえ、当該イベント等が、交通の妨害の程度を上回る公益性を有すること。

（3）警察における道路使用許可手続の簡素化・弾力化に向けた取組
警察では、地域活性化等に資するという社会的な意義があり、地域住民、道路利用者等の合意に基づいて行われるイベント等については、道路使用許可手続が円滑に行われるよう配意した運用を実施しています。

> ① 事前相談への対応
>   事前相談が行われるよう周知するとともに、イベント等の実施主体に対し、交通への影響を少なくするための実施方法について、助言・情報提供等を実施
> ② 合意形成の円滑化への協力
>   道路使用についての地域住民、道路利用者等の合意形成が円滑になされるよう必要な助言・情報提供等を行うとともに、地方公共団体と連携（協議会の活用）
>   ※ 協議の場への参画が望ましいもの
>   実施主体/地方公共団体の職員/地域住民や地元商店街の代表/地元商工会議所やTMOの代表/地元運送事業者の代表/その他協議会参画の必要がある者
>   ※ イベント等の実施に伴い警察に寄せられた要望、苦情等は集約して実施主体に提供
> ③ 許可の一括化
>   複数の道路使用が、一つの運営団体の管理・責任の下で一体として行われる場合には、申請者の要望に応じ、許可を一括化
> ④ 道路占用許可との一括受付

> 道路使用許可と道路占用許可の双方が必要である場合には、両許可に係る申請を一括して受付

（4）道路使用許可に際しての条件付与

　道路使用を許可するに際して、所轄警察署長は、道路交通法第77条第3項により、道路における危険を防止し、その他交通の安全と円滑を図るための必要な条件を付することができるとされています。

3．食品営業許可

（1）食品営業許可とは

　飲食店や喫茶店などの営業を行う場合や乳類や魚介類などの販売を行う場合には、食品衛生法第52条に基づき、その営業所所在地を管轄する都道府県知事、もしくは保健所を設置する市の市長又は特別区の区長の許可が必要になります。
　許可が必要な業種は食品衛生法施行令第35条にて定められている飲食店営業、喫茶店営業、乳類販売業、食肉販売業、魚介類販売業など34業種及び都道府県等が条例で定める業種となっております。また、許可を得るには食品衛生法施行規則第67条にて定められた事項について営業所所在地を管轄する保健所を通じて都道府県知事などへ申請する必要があります。

食品営業許可取得に際しての申請事項（食品衛生法施行規則第67条）

一	申請者の住所、氏名及び生年月日（法人にあっては、その名称、主たる事務所の所在地及び代表者の氏名）
二	営業所所在地
三	営業所の名称、屋号又は商号
四	営業の種類
五	営業設備の大要
六	以下に該当することの有無及び該当するときは、その内容 ・食品衛生法または同法に基づく処分に違反して刑に処せられ、その執行を終わり、または執行を受けることがなくなった日から起算して2年を経過しない者 ・食品衛生法第54条から第56条までの規定により許可を取り消され、その取消の日から起算して2年を経過しない者 ・法人であって、その業務を行う役員のうち上記のいずれかに該当する者があるもの
七	営業設備の構造を記載した図面

（2）営業施設の基準等

　都道府県等は、食品衛生法第51条に基づき、条例で公衆衛生の見地から必要な営業施設の基準を定めることとなっています。
　都道府県知事等は、上記した食品営業許可が必要な業種に関して、営業の施設が都道府県の定める基準に合うと認めるときは、食品衛生法第52条に基づき、原則として許可をしなければならないとしています。
　また、上記の営業許可以外に、都道府県等が条例により、食品衛生責任者の設置や営業の施設の内外の清潔保持等の衛生管理の措置の内容などに関して基準を定

4．（参考）先進事例

めており、それらの基準も遵守する必要があります。
　都道府県等が条例で定める基準の詳細や営業許可の申請手続については、管轄の保健所などへお問い合わせ下さい。

（3）その他営業許可に関する配慮事項
　縁日や祭礼などの際に、簡易な施設を設け、不特定多数の人々を対象として食品を提供する場合についても、原則として食品営業許可が必要となりますが、都道府県によっては、地域公共団体や住民団体が関与する公共的目的を有する住民祭や産業祭でのバザーなど、短期間で行われるものなどについては、通常の営業許可ではなく、管轄の保健所への臨時の出店に関する届け出や申請の上、保健所の指導を受けることなどとしている地域もありますので、詳細については、管轄の保健所へお問い合わせ下さい。

参考資料２

道路占用許可の特例制度

１．都市再生特別措置法
２．国家戦略特別区域法
３．中心市街地の活性化に関する法律

4．（参考）先進事例

1．都市再生特別措置法

（1）特例制度の概要

　市町村が作成する都市再生整備計画に、道を活用した地域活動に使われる一定の物件を道路に設置することを盛り込むことにより、それらの道路占用許可を行うに当たって、「道路の敷地外に余地がなくやむを得ないこと」という許可基準を適用しないこととする、道路占用許可の特例制度を設けています。

　その際、民間の活力を活用して道路環境の整備を進めていくため、道路美化活動や放置自転車対策などの公益活動をあわせて実施することを占用許可の条件にしています。

（2）対象となる物件

　本特例制度の対象となるのは、以下の物件です。

- 広告塔又は看板で良好な景観の形成又は風致の維持に寄与するもの
- 食事施設、購買施設その他これらに類する施設で道路の通行者又は利用者の利便の増進に資するもの
- 自転車駐車器具で自転車を賃貸する事業の用に供するもの

（3）手続の流れ

　本特例制度を活用するためには、以下の手続が必要になります。

① 都市再生整備計画への記載
　市町村が、対象となる物件の設置について記載した都市再生整備計画を作成する。その際、道路管理者及び都道府県公安委員会の同意を得ることが必要となる。
② 特例道路占用区域の指定
　都市再生整備計画の記載に基づき、市町村の意見を聴いた道路管理者が、警察署長に協議した上で、特例を活用できる道路の区域を物件の種類ごとに指定する。
③ 占用主体の選定
　都市再生整備計画を作成する際に設置できる協議会を活用するなどして、特例道路占用区域に設置する物件ごとに、道路管理者が占用主体を選定する。
④ 道路占用許可手続
　選定した占用主体からの申請に基づき、道路交通環境の維持及び向上を図るための清掃その他措置を講じること、占用の期間が満了した場合又は占用が廃止された場合は原状回復を行うことを含む必要な条件を付した上で、占用を許可する。

２．国家戦略特別区域法

（１）特例制度の概要

　内閣総理大臣が決定した国家戦略特別区域ごとに作成される区域計画に、道路空間のエリアマネジメントに使われる一定の物件を道路に設置することを盛り込むことにより、それらの道路占用許可を行うに当たって、「道路の敷地外に余地がなくやむを得ないこと」という許可基準を適用しないこととする、道路占用許可の特例制度を設けています。

　その際、民間の活力を道路環境の整備にも活用していくため、特措法に基づく特例制度と同様に、道路美化活動や放置自転車対策などの公益活動をあわせて実施することを占用許可の条件にしています。

（２）対象となる物件

特例制度の対象となるのは、以下の物件です。

- 広告塔又は看板で良好な景観の形成又は風致の維持に寄与するもの
- 標識又はベンチ、街灯その他これらに類する工作物で道路の通行者又は利用者の利便の増進に資するもの
- 食事施設、購買施設その他これらに類する施設で道路の通行者又は利用者の利便の増進に資するもの
- 自転車駐車器具で自転車を賃貸する事業の用に供するもの
- 次に掲げるもので、競技会、集会、展示会、博覧会その他これらに類する催し（国際的な経済活動に関連する相当数の居住者、来訪者又は滞在者の参加が見込まれるものに限る。）のため設けられ、かつ、道路の通行者又は利用者の利便の増進に資するもの
  イ　広告塔、ベンチ、街灯その他これらに類する工作物
  ロ　露店、商品置場その他これらに類する施設
  ハ　看板、標識、旗ざお、幕及びアーチ

（３）手続の流れ

　本特例制度は、以下の手続により、総理大臣が決定した国家戦略特別区域において活用することができるものです。

① 国家戦略特別区域及び区域方針の決定
　政府が定めた国家戦略特別区域基本方針に基づき、内閣総理大臣が、国家戦略特別区域を決定するとともに、区域ごとに、関係する地方公共団体の意見を聴いた上で、政策課題や実施事業の概要などを記載した区域方針を決定する。
② 区域計画の作成

区域ごとに、国家戦略特別区域担当大臣、関係する地方公共団体の長及び特例を活用する事業の実施主体となるエリアマネジメント団体などからなる国家戦略特別区域会議を組織し、区域方針に即して、特例を活用する道路の区域を物件ごとに記載した区域計画を作成する。その際、都道府県公安委員会の同意を得ることが必要となる。
③ 区域計画の認定
　作成した区域計画について、国土交通大臣の同意を得た上で、内閣総理大臣の認定を受けることが必要となる。
④ 道路占用許可手続
　認定された区域計画に基づき、特例を活用する事業の実施主体などからの申請を受けた道路管理者が、道路交通環境の維持及び向上を図るための清掃その他措置を講じること、占用の期間が満了した場合又は占用が廃止された場合は原状回復を行うことを含む必要な条件を付した上で、占用を許可する。

3．中心市街地の活性化に関する法律

（1）特例制度の概要

　市町村が作成し、内閣総理大臣が認定する中心市街地の活性化に関する基本計画に、道を活用した地域活動に使われる一定の物件を道路に設置することを盛り込むことにより、それらの道路占用許可を行うに当たって、「道路の敷地外に余地がなくやむを得ないこと」という許可基準を適用しないこととする、道路占用許可の特例制度を設けています。
　その際、特措法に基づく特例制度と同様に、道路美化活動や放置自転車対策などの公益活動をあわせて実施することを占用許可の条件にしています。

（2）対象となる物件

特例制度の対象となる物件は、以下の物件です。

- 広告塔又は看板で良好な景観の形成又は風致の維持に寄与するもの
- 食事施設、購買施設その他これらに類する施設で道路の通行者又は利用者の利便の増進に資するもの
- 自転車駐車器具で自転車を賃貸する事業の用に供するもの

（3）手続の流れ

本特例制度を活用するためには、以下の手続が必要になります。

① 基本計画への記載
　市町村が、対象となる物件の設置について記載した基本計画を作成する。その

際、道路管理者及び都道府県公安委員会の同意を得ることが必要となる。
② 基本計画の認定
　作成した基本計画について、国土交通大臣の同意を得た上で、内閣総理大臣の認定を受けることが必要となる。
③ 特例道路占用区域の指定
　基本計画の記載に基づき、市町村の意見を聴いた道路管理者が、警察署長に協議した上で、特例を活用できる道路の区域を物件の種類ごとに指定する。
④ 占用主体の選定
　基本計画を作成する際に設置できる協議会を活用するなどして、特例道路占用区域に設置する物件ごとに、道路管理者が占用主体を選定する。
⑤ 道路占用許可手続
　選定した占用主体からの申請に基づき、道路交通環境の維持及び向上を図るための清掃その他措置を講じること、占用の期間が満了した場合又は占用が廃止された場合は原状回復を行うことを含む必要な条件を付した上で、占用を許可する。

4．（参考）先進事例

参考資料３

道を活用した地域活動の事例

1．北海道札幌市　　「大通すわろうテラス」

2．群馬県高崎市　　「高崎まちなかオープンカフェ・コミュニティサイクル」

3．東京都新宿区　　「モア４番街オープンカフェ」

4．神奈川県横浜市　「日本大通りオープンカフェ」

5．長野県長野市　　「善光寺表参道地区」

6．静岡県浜松市　　「まちなか公共空間利活用制度」

7．愛知県名古屋市　「久屋大通オープンカフェ」

8．大阪府大阪市　　「グランフロント大阪」

9．兵庫県神戸市　　「三宮中央通りオープンカフェ」

10．鳥取県鳥取市　「鳥取駅前太平線再生プロジェクト」

11．愛媛県松山市　「花園町通り賑わい・憩い空間づくり」

12．高知県高知市　「土佐の日曜市」

13．福岡県福岡市　「国家戦略道路占用事業」

1．北海道札幌市「大通すわろうテラス」

事業主体	札幌大通まちづくり株式会社
実施場所	札幌市中央区大通駅周辺（国道36号）
経緯	・H21.9 大通地区の商店街が中心となり、札幌大通まちづくり株式会社（H23.12 全国初の都市再生整備推進法人（現在は都市再生推進法人）に指定）を設立 ・H25.5 都市再生特別措置法に基づく特例道路占用区域を指定 ・H25.6～ 食事施設、広告塔などの占用許可を受け、事業実施中
事業概要	オープンカフェ事業 　：サッポロナナイロ前及びパルコ前の歩道上にそれぞれオープンカフェを設置し、事業主体が運営。 広告事業 　：広告塔を3基設置し、オープンカフェと一体となった広告を展開。
ポイント	・美化清掃活動、違法駐輪への注意喚起など、道路の維持管理への協力を条件として、占用料を9割減額。 ・事業主体が、市のまちづくり部局と普段から協働して検討を進めることにより、合意を形成。 ・オープンカフェと一体となった広告を展開することにより、景観の向上やまちづくり事業費の確保に寄与。
効果と課題	・利用者アンケートによると、利用者は概ね満足し、地区の魅力向上に寄与しているとの評価。 ・冬期間の施設の利活用方策について検討が必要。

写真出典：札幌市、日本みち研究所

4．（参考）先進事例

２．群馬県高崎市
「高崎まちなかオープンカフェ・コミュニティサイクル」

事業主体	高崎まちなかオープンカフェ推進協議会 高崎まちなかコミュニティサイクル推進協議会
実施場所	高崎市中心市街地地区（県道、市道）
経緯	・H24 高崎商工会議所を中心とする推進協議会を設置し、社会実験を実施 ・H25 都市再生特別措置法に基づく特例道路占用区域を指定 ・H25.4～ 食事施設、自転車駐車器具などの占用許可を受け、事業実施中
事業概要	オープンカフェ事業 ：市役所等の公益施設が集まる西部地区と高崎駅を中心に商業施設が集まる東部地区とを結ぶ道路を中心にオープンカフェを設置。 コミュニティサイクル事業 ：回遊性の向上と賑わい創出のため、オープンカフェと同じエリアの道路などに自転車駐車器具を設置。
ポイント	・道路管理者（県、市）、警察、都市計画・市街地整備・産業政策部局を含めた勉強会を開催し、事前に事業イメージを共有。 ・社会実験を実施することにより、安全性等の観点を含め、事業の効果を検証。 ・事業主体が地元の意見調整を行い、オープンカフェ出店者を決定。
効果と課題	・オープンカフェとコミュニティサイクルの連携により、魅力ある中心市街地を形成。 ・道路の維持管理費の削減、良好な景観形成などに効果。

写真出典：高崎商工会議所

3．東京都新宿区「モア4番街オープンカフェ」

事業主体	新宿駅前商店街振興組合
実施場所	新宿三丁目モア4番街（区道）
経緯	・H17 道路占用許可によるオープンカフェ設置の社会実験を開始 ・H24 都市再生特別措置法に基づく特例道路占用区域を指定（全国初の事例） ・H24.10〜 食事施設、広告塔の占用許可を受け、事業実施中
事業概要	オープンカフェ事業 　：まちの賑わい創出と違法駐輪・駐車防止のため、事業主体が、新宿区と協力してオープンカフェを設置、運営。 広告事業 　：サインポール、デジタルサイネージを設置し、モア街の情報を始めとする広告を掲載。
ポイント	・社会実験の段階から、新宿区、警察を含む協議会を設立して継続的に議論を重ねることにより合意を形成。 ・社会実験を実施することにより、歩行者の通行への影響を具体的に検証し、警察協議を円滑化。
効果と課題	・オープンカフェを常設し、事業主体が継続的に道路の維持管理を行うことにより、違法駐輪・駐車やホームレスが減少。 ・休日にはオープンカフェに行列ができ、まちの賑わいを創出。 ・広告料収入により、放置自転車対策の啓発活動などを継続して行うための財源を確保。

写真出典：日本みち研究所、新宿区

4．（参考）先進事例

4．神奈川県横浜市「日本大通りオープンカフェ」

事業主体	日本大通り活性化委員会
実施場所	日本大通り地区（市道）
経緯	・H14 日本大通りパラソルカフェ＆ギャラリー2002として、9日間限定で、オープンカフェや路上イベントを実施 ・H17 道路占用許可によるオープンカフェ設置の社会実験を実施 ・H18.4〜 道路法に基づきテーブル、椅子などの占用許可を受け、事業実施中
事業概要	オープンカフェ事業 ：歴史的建造物が多い官公庁街であり、歩行者を優先した道路整備が行われた観光スポットとなっている日本大通りに、複数のオープンカフェを設置。
ポイント	・地元店舗や事業者からなる日本大通り活性化委員会が、横浜市と協定を結び、道路の占用許可、使用許可を含め、出店に関する調整を実施。 ・幅員の広い（13.5m）の歩道にオープンカフェを設置。 ・事業収益は各出店者のものとする一方、横浜市の条例に基づき通常の占用料を徴収。
効果と課題	・観光スポットとなっている日本大通りにオープンカフェを設置することにより、賑わいを促進。 ・様々な個性を持つ店舗がオープンカフェに参加し、日本大通りの魅力を向上。

写真出典：横浜市、日本みち研究所

５．長野県長野市「善光寺表参道地区」

事業主体	善光寺花回廊実行委員会 (株)まちづくり長野
実施場所	長野中央通り(善光寺表参道)(市道)
経緯	・H13～　道路空間の再配分などを実施 ・H26.7　都市再生特別措置法に基づく特例道路占用区域を指定 ・H27.3～　食事施設などの占用許可を受け、事業実施
事業概要	路上イベントの開催 ：ゴールデンウィーク(例年5月3～5日)に善光寺花回廊～ながの花フェスタ～を開催、商工・観光・行政等各種団体で善光寺花回廊実行委員会を組織して運営。 オープンカフェ事業 ：善光寺御開帳期間中(平成27年4～5月)に、「ぱてぃお大門」前の歩道部分で、(株)まちづくり長野が運営するオープンカフェを延べ7日営業。
ポイント	・歩行者優先道路化事業として車道縮小、歩道拡幅、車道の石畳化などを行い整備された道路空間を活用して、イベント展示やオープンカフェを設置。 ・地元商店会が、道路の清掃活動、駐輪場の案内などの交通整理を実施するほか、沿線地域では景観協定の締結や歩道植栽桝の管理など、来訪者おもてなしの取組みを実施。
効果と課題	・「歩行者優先」、「歩いて楽しいみち」をコンセプトにした道路事業と路上イベント・オープンカフェ事業とを併せて実施することにより、道路空間の魅力を向上し、観光地まちなかの賑わいを創出。

写真出典：長野市

4．（参考）先進事例

6．静岡県浜松市「まちなか公共空間利活用制度」

事業主体	(株)遠鉄百貨店 浜松まちなかにぎわい協議会（浜松まちなかマネジメント(株)）
実施場所	浜松駅北口広場周辺（市道）
経緯	・H17年度　浜松市が、まちなか公共空間利活用制度を創設 ・H18.3～　道路法に基づきテーブル、椅子などの占用許可を受け、事業実施中 ・H22　浜松まちなかにぎわい協議会を設立 ・H23～　広告物の占用許可を受け、事業実施中
事業概要	オープンカフェ事業 　：まちなか公共空間利活用制度に基づき、中心市街地のサンクンガーデンにオープンカフェを設置し、遠鉄百貨店が運営。 広告事業 　：浜松まちなかにぎわい協議会が中心となり、まちなか公共空間利活用制度対象区域内の決められた場所に、バナー広告、壁面広告などを展開。
ポイント	・浜松市が、道路の利活用に係る共通の運用基準（浜松市まちなか公共空間利活用に関する要綱）をあらかじめ策定することにより、公平性を確保。 ・路上広告物の設置に当たっては、浜松まちなかにぎわい協議会を通して占用を申請し、広告収益の一部を地域のイベント支援、情報発信、清掃活動など公共的な取組みに充当。
効果と課題	・道路法に基づく通常の占用許可の運用により、まちの賑わいを創出。 ・広告が人通りの多い駅前に集中しており、より幅広い展開方策の検討が必要。

写真出典：浜松市

153

7．愛知県名古屋市「久屋大通オープンカフェ」

事業主体	久屋大通オープンカフェ推進協議会
実施場所	久屋大通（市道）
経緯	・H12～ 路上イベントの開催時に道路附属物としてテーブル、椅子などを設置 ・H16 久屋大通オープンカフェ推進協議会を設立 ・H18 道路占用許可によるオープンカフェ設置を試験的に実施 ・H19.5～ 通年実施を前提に、道路法に基づきテーブル、椅子などの占用許可を受け、事業実施中
事業概要	オープンカフェ事業 ：名古屋市の繁華街である久屋大通に、無料休憩所としてテーブル、椅子、パラソル、囲いなどを設置し、オープンカフェを実施。
ポイント	・事業主体となる久屋大通オープンカフェ推進協議会は、久屋大通連合発展会、名古屋市、名古屋市商工会議所が構成員となる。 ・オープンカフェの運営は、道路に面する店舗の所有者又は借受人が行う。 ・道路占用許可の条件及び事業主体が定めた管理基準に基づき、占用者が、周辺の歩道の清掃、自転車の整理などを実施。 ・歩行者の利便に寄与する物件であることから、占用料を8割減額。
効果と課題	・歩行者の利便の増進に寄与しているが、無料休憩所として位置づけられているため、事業の継続的な実施に支障が出るおそれがある。

写真出典：日本みち研究所

4．(参考) 先進事例

8．大阪府大阪市「グランフロント大阪」

事業主体	(一社) グランフロント大阪TMO
実施場所	大阪駅北地区(市道)
経緯	・H16.7 大阪市が、オープンカフェ設置を含むまちづくり基本計画を策定 ・H24.5 公募により選定した開発事業者が、エリアマネジメント組織であるグランフロント大阪TMOを設立 ・H24.11 都市再生特別措置法に基づく特例道路占用区域を指定 ・H25～ 食事施設、広告物の占用許可を受け、事業実施中
事業概要	オープンカフェ事業 ：グランフロント大阪のビル沿いに整備したゆとりある歩道空間に、オープンカフェを常設。 広告事業 ：オープンカフェの周辺などに、良好な景観の形成にも資する広告板、バナー広告を展開。
ポイント	・市のまちづくり部署が中心となり、道路管理者、警察を含む関係機関と時間をかけて議論。 ・公募により選定した開発事業者が、歩道部分のグレードアップ整備や民間による道路の維持管理への協力を、自主的に提案。 ・事業主体が、違反簡易広告物の撤去や違法駐輪対策を実施。
効果と課題	・利用者アンケートによると、「魅力的な空間を形成」、「まちの賑わいを感じる」などの評価。 ・道路占用許可の特例制度を更に活用するためには、道路管理者や警察などに対し、他地区との違いや活用の必要性について、明確に説明することが必要。

写真出典：日本みち研究所

155

9. 兵庫県神戸市「三宮中央通りオープンカフェ」

事業主体	三宮中央通りまちづくり協議会
実施場所	三宮中央通り（市道）
経緯	・H16,17 オープンカフェ設置の社会実験を実施 ・H18〜 道路管理・活用協定締結に基づきテーブル、椅子などの占用許可を受け、事業実施中
事業概要	オープンカフェ事業 ：三宮駅近くの三宮裏線と呼ばれる通りで、春、秋の定期的なイベントとして、継続的にオープンカフェ、バナー広告などを設置。
ポイント	・道路地下の地下鉄開通に合わせて、H13に街路整備事業（車線減少、歩道拡幅（6m以上））を実施した場所を活用。 ・商店街4団体（店舗数約 130 店）からなる事業主体と神戸市が道路・管理活用協定を締結し、出店者が、歩道の清掃、植栽の維持管理、来客者や放置自転車の整理などを実施。
効果と課題	・春、秋の定期的なイベントとして実施しており、通年実施とするために、警察などと調整が必要。

写真出典：神戸市、（一財）神戸すまいまちづくり公社広報資料

4．（参考）先進事例

１０．鳥取県鳥取市「鳥取駅前太平線再生プロジェクト」

事業主体	新鳥取駅前地区商店街振興組合
実施場所	駅前太平線（市道）
経緯	・H20~21 鳥取駅前の賑わいづくりの社会実験を実施 ・H23 鳥取市が、鳥取駅前太平線再生プロジェクト基本計画を策定 ・H24~25 大屋根（シェルター）、芝生広場の整備 ・H25 事業主体と鳥取市が、管理活用協定を締結 ・H25.12 都市再生特別措置法に基づく特例道路占用区域を指定 ・H26.2~ 休憩施設の道路占用許可を受け、事業実施
事業概要	賑わい空間活用事業 ：駅前再生のシンボルとして、大屋根とともに整備した芝生広場に休憩施設（テーブル、椅子）を設置。休日は、道路占用許可を受け、芝生広場や通行止めした道路で賑わいづくりのイベントを開催。
ポイント	・鳥取駅前太平線再生プロジェクト基本計画の策定に当たり、地元商店街、有識者などを含めた検討委員会を開催し、合意を形成。 ・事業主体と鳥取市が協議を重ね、大屋根、芝生広場の利用規程を策定。大屋根開閉、芝生管理、道路維持活動など、施設の活用について委託契約を締結して事業主体が維持管理。
効果と課題	・全天候型の芝生広場などが、集いやふれあいの空間として機能し、まちの賑わいを創出。

写真出典：鳥取市、日本みち研究所

157

１１．愛媛県松山市「花園町通り賑わい・憩い空間づくり」

事業主体	松山市、花園町通りにぎわい創出実行委員会
実施場所	花園町線（市道）
経緯	・H23　花園町通りの道路空間再配分について意見交換する「花園町通り空間改変事業懇談会」を設立 ・H24　賑わいイベントの事業主体となる「花園町通りにぎわい創出実行委員会」を設立 ・H24　道路空間再配分、賑わい・憩い空間づくりの社会実験を実施 ・H26～　イルミネーション事業を中心に事業実施中 ・H27～　道路の利活用についての地元の課題を調整するワークショップを実施中
事業概要	賑わい・憩い空間づくり社会実験 ：車道縮小、自転車道新設、歩道拡幅により創出した、安全で快適な歩行者空間にオープンカフェや芝生を設置することにより、賑わいや憩いの空間を創出。
ポイント	・花園町通り空間改変事業懇談会において、警察、交通事業者、地元、市民団体、有識者などとの意見交換を実施。 ・松山市が道路空間の再配分というハード整備を実施するに当たり、将来の道路空間の利活用の可能性を可視化することにより、道路空間整備に対する地元の意識を醸成。
効果と課題	・通りやまちの魅力向上により、将来的に、まちなかへの居住や商業の誘導、まちの賑わいの促進を期待。 ・社会実験でのオープンカフェは、地元既存店舗に対する圧迫、ごみなどの不始末、騒音苦情、トイレ整備などが課題。 ・社会実験のアンケートでは、賑わい・憩い空間の効果として、地権者の約半数が「来街者が増えると思う」、来街者の約9割が「また来たい」と回答。

写真出典：松山市、日本みち研究所

１２．高知県高知市「土佐の日曜市」

事業主体	高知市
実施場所	高知街1号線（追手筋）（市道）
経緯	・元禄3（1690）～ 市内3か所で日取りを定めて街路市を開始 ・明治9～ 日曜市にまとめて開催 ・昭和23～ 現在の位置で事業実施中
事業概要	路上への露店の出店 ：4車線道路の片側2車線を利用し、毎週日曜日（終日）に、全長約1,300mにわたり、約430店が軒を並べる生活市を開催。
ポイント	・元禄3年（1690年）以来、300年以上の長い歴史を持ち、市民に親しまれるとともに警察などの関係者の理解も深い。 ・高知市道路占用規則で、街路市に係る占用料を別途設定。 ・出店者4組合の各代表者等と市からなる街路市運営協議会を設立し、新しい決めごとなどを協議。 ・市が出店調整、警備員の配置、休憩施設（テント）設置などを実施。 ・高知大学と連携し、休憩施設の運営や出店者のサポートを高知大学学生が実施（学生サポーター事業）。
効果と課題	・市民に加えて県内外からの観光客など、1日に約17,000人の集客があり、直接的な経済効果は約20億円、生産・観光などを含めた波及効果は約30億円と試算。 ・後継者不足、地元客の呼び戻し、出店者増加対策などが課題。

写真出典：高知市

１３．福岡県福岡市「国家戦略道路占用事業」

事業主体	（公財）福岡観光コンベンションビューロー、We Love天神協議会、博多まちづくり推進協議会、御供所まちづくり協議会、一般財団法人福岡コンベンションセンター、西日本鉄道株式会社、福岡地所株式会社、中洲町連合会、上川端商店街振興組合、川端中央商店街振興組合
実施場所	天神駅周辺、博多駅周辺など（市道）
経緯	・H26.9 国家戦略特別区域法に基づく、道路占用許可の特例制度の活用を含む区域計画の認定（全国初の事例） ・H26.11～ 随時、事業実施中 ・H27.10 事業主体として新たに6団体を追加する区域計画の認定
事業概要	路上イベントの開催 ：MICEなどのイベント開催日及び土日祝日に、区域計画で指定した道路にベンチ、露店などを設置し、ストリートパフォーマンスやMICEの懇親会などを開催。
ポイント	・産業の国際競争力の強化及び経済活動拠点の形成を目指す福岡市が、複数のエリアマネジメント団体などと協働。
効果と課題	・路上イベントに多数の参加者が集まり、まちの賑わいとともに大きな経済効果を創出。

写真出典：福岡市

平成28年 改正道路法の解説Q&A
— 道路協力団体制度のポイント —

平成28年12月15日　第1刷発行

　　編　集　　道路法令研究会

　　発　行　　株式会社ぎょうせい

〒136-8575　東京都江東区新木場1-18-11
　　　　　　電話 編集　03-6892-6508
　　　　　　　　 営業　03-6892-6666
　　　　　　フリーコール　0120-953-431

URL：http://gyosei.jp

〈検印省略〉

印刷　ぎょうせいデジタル㈱　　　　　Ⓒ2016 Printed in Japan
※乱丁・落丁本はお取り替えいたします。

ISBN978-4-324-10234-3
(5108297-00-000)
［略号：改正道路法28］